JN074176

Series Diversity Management

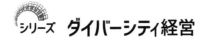

シリーズ **ダイバーシティ経営**

責任編集　佐藤博樹・武石恵美子

仕事と子育ての両立

矢島洋子・武石恵美子・佐藤博樹 [著]

中央経済社

「シリーズ　ダイバーシティ経営」刊行にあたって

　現在，ダイバーシティ経営の推進や働き方改革が本格化し，企業の人材活用のあり方が大きく変わり始めている。それによって，職場における施策やマネジメントのみならず，労働者個人の働き方やキャリアのあり方においても対応が迫られている。こうした状況を踏まえ，本シリーズは，著者らが参画するプロジェクトの研究成果を土台とし，「ダイバーシティ経営」に関する基本書として刊行するものである。本シリーズで「ダイバーシティ経営」とは，多様な人材を受け入れ，それぞれが保有する能力を発揮し，それを経営成果として結実させるという戦略をもって組織運営を行うことを意味している。各巻は，働き方改革，女性活躍のためのキャリア支援，仕事と子育て・介護の両立，管理職の役割といったテーマで，ダイバーシティ経営に関わる実態や課題に関する内外の主要な研究動向を踏まえるだけでなく，それぞれのテーマに関する主要な論点を取り上げ，「ダイバーシティ経営」に関わる研究者や実務家の方々に対して有益な情報を提供できるものと確信している。

　上述のプロジェクトは，中央大学大学院戦略経営研究科に産学協同研究として設置された「ワーク・ライフ・バランス＆多様性推進・研究プロジェクト」（2014年度までは東京大学社会科学研究所の「ワーク・ライフ・バランス推進・研究プロジェクト」）で，2008年10月に発足し，共同研究に参加している企業・団体（2020年度現在30社・団体）と研究者が連携し，プロジェクトのテーマに関わる課題について，調査研究や政策提言，さらに研究成果を広く普及するための成果報告会等を行ってきた。当初は「ワーク・ライフ・バランス」をメインテーマに掲げ，職場における働き方改革や人材マネジメント改革について検討を進めてきた。2012年度からは，テーマを「ワーク・ライフ・バランスと多様性推進」へと広げ，働き方改革を含めて多様な人材が活躍できる人事制度や職場のあり方について議論を進めてきた。人材の多様性に関しては，女性，高齢者，障害者，LGBT等を取り上げ，多様な人材が真に活躍できる人事制度のあり方や，働き方を含めた人材マネジメントのあり方について検討を進めてき

ている。検討にあたっては，アンケート調査やインタビュー調査等データ収集
と分析を行い，エビデンスを重視して，法制度や企業の人事施策，職場マネジ
メント，さらには働く人々個人に対する提言等の発信を行ってきた。

　これまでの研究成果は，第1期：佐藤・武石編著『ワーク・ライフ・バラン
スと働き方改革』（勁草書房，2011年），第2期：佐藤・武石編著『ワーク・ラ
イフ・バランス支援の課題』（東京大学出版会，2014年）を，第3期：佐藤・
武石編著『ダイバーシティ経営と人材活用』（東京大学出版会，2017年）とし
て順次書籍を刊行してきている。

　本プロジェクトにおける研究は，プロジェクト参加企業との連携により実施
したものが多く，また，研究結果はプロジェクトの研究会において常に実務家
にフィードバックして意見交換をすることにより，現場の実態や課題認識に裏
付けられることを重視してきた。プロジェクト参加企業の担当者の皆様のご協
力やご意見が，本シリーズの成果に繋がっていることに心からお礼を申し上げ
たい。

　最後に，本書の出版に際しては，株式会社中央経済社社長の山本継氏，編集
長の納見伸之氏，担当の市田由紀子氏と阪井あゆみ氏にお世話になった。記し
てお礼を申し上げたい。

　2020年6月

責任編集　佐藤　博樹
武石恵美子

はじめに

　本書は,「ダイバーシティ経営」の課題の1つである「仕事と子育ての両立支援」を取り上げている。「仕事と子育ての両立支援」は,一般的には「ワーク・ライフ・バランス（WLB）」の枠組みで語られることが多い。企業の人材マネジメントにおいて,ダイバーシティは性別や年齢,さらに国籍などに関係なく,企業の求める経験・スキルを持つすべての社員に,意欲的に仕事をしてもらうための取組みであり,「WLB支援」とは,社員が仕事に意欲的に取り組むことができるようにするための条件整備と位置づけることができる。

　WLBの実現のためには,「仕事」と「生活」の両方が充実することが重要であり,両者の間で生じる葛藤「ワーク・ライフ・コンフリクト（WLC）」に陥らないようにするための取組みが重要であるが,日本企業において,WLB支援の初期のテーマは「仕事」と「子育て」の両立支援であった。家庭責任を果たすことと就業継続の間でのコンフリクトが顕在化していたのが主に「女性」であったため,中心的課題は,「女性の就業継続のための仕事と子育ての両立支援」であった。

　この課題は,「ダイバーシティ経営」における性別・年齢・国籍等の表層的な属性に関する多様性という視点でいえば,性別に関する多様性,すなわち,ジェンダー・ダイバーシティ推進のテーマの一部とも捉えることができる。一方で,常に仕事を第一優先とし,画一的な働き方で職場内の経験を中心にスキルを獲得してきた従来型の日本の男性正社員に対する新たな社員像としての「子育て社員」に着目する見方もできる。男女を問わず,子育てとの両立のために率先して柔軟な働き方を選択し,子育てを通じて新たな経験やスキル,価値観等を培う,新たな「子育て社員」の存在自体が,職場の多様性を高めうる人材となりうることから,経験や価値観,スキル等の深層的な多様性という視点からも,ダイバーシティ推進のテーマと位置づけることができる。

　企業における仕事と子育ての両立支援に対する課題認識としては,近年は,

正社員女性における出産時の離職が減少し就業継続が進んできたことから，子育てに伴う時間制約社員が両立支援制度を活用しながらいかに活躍するか，というテーマが大きくなってきた。具体的には，例えば，短時間勤務の「働き方」により「就業継続」が可能となるよう特別に配慮する施策から，時間制約がありながらも短時間勤務利用に限らず，テレワーク等の「柔軟な働き方」を活用してフルタイム勤務でも「両立」が可能となり，どのような「働き方」を選択しても，「活躍」を促せるような支援へと，取組みの重点が移りつつある。

　一方，「男性」の仕事と子育ての両立についても，企業の関心が高まっている。当初は，国の求めに応じる形で，男性社員の育児休業取得を推進してきた企業の中からも，女性の活躍のための不可欠な取組みとしての「男性の子育て参画」や，全社員の働き方改革推進の一環としての「男性の両立支援」に主体的に取り組む企業も出てきた。さらには，ダイバーシティ経営として取り組む領域が拡大する中で，性別等の表層的な属性に関する多様性以上に，経験等の深層的な多様性を重視する企業の中からは，先に述べた「子育て社員」が持つ価値観や経験等の仕事へのプラスのフィードバックを期待する見方も出てきている。こうした観点からいえば，男性の子育て機会を高める支援を行うことは，女性の活躍の後押しや全社員の働き方改革という間接的な効果を狙うことにとどまらず，男性自身の経験・価値観・スキル等の多様性を高めるという意義からも，企業のダイバーシティ推進の重要なテーマとなる。

　また，子育て社員の両立支援に限らず，全社員の「働き方改革」が進められる中で，新たな課題もみえてきている。全社員の労働時間が減り，休暇取得が推進されることで仕事と生活の両立のしやすさが増すと，子育て社員のみを特別な存在として捉えて他の社員とは異なる働き方を認める，という必然性が低くなってくるという問題などである。

　本書では，ダイバーシティ経営を推進する企業における「仕事と子育ての両立支援」の今日的課題として，主に「女性（母親）の活躍」と「男性（父親）の子育て」に着目する。それらのテーマに共通する背景として，企業が「女性」や「子育て」というテーマに限定せず，多様な人材を受け入れるための

「多様な働き方支援」と「キャリア形成支援」を行う「ダイバーシティ経営」
に向かっているという状況や，家庭内の役割分担や地域における子育て支援の
変化との兼ね合いを考慮しつつ，あらためて，男女の仕事と子育ての両立の形
と企業における支援のあり方を考える。

　2024年2月

矢島洋子

武石恵美子

佐藤博樹

目　次

4

序章

企業における仕事と子育ての両立課題とは

1 ダイバーシティ経営における仕事と子育ての両立課題

　日本企業の「ダイバーシティ経営」において，「仕事と子育ての両立」は，当初から重要なテーマであった。ダイバーシティ経営を「雇用形態や属性の多様性のみならず，さまざまな就業志向や価値観を持った人材を受け入れ，こうした多様な人材が意欲的に仕事に取り組むことができ，それぞれが仕事を通じて経営成果に貢献できるようにする」（佐藤，2020）取組みとして捉え，この視点から仕事と子育ての両立課題を読み替えると，以下のように整理できるであろう。すなわち，「性別や正社員・非正社員を問わず，仕事と子育ての優先度や両立を図るための働き方等に関する多様な志向を組織として受け入れ，育児休業（以下，「育休」）取得の期間やタイミング，子育て期の短時間勤務・テレワーク等の働き方において多様な選択をした従業員が，仕事を通じた能力の育成と発揮の機会を与えられ，組織貢献に応じた評価を得て積極的なキャリア形成を図ることができるようにする」ということである。

　仕事と子育ての両立に関しては，育児・介護休業法[1]や次世代育成支援対策推進法，女性活躍推進法[2]などの法律への対応を通じて，ほぼすべての日本企業が何らかの取組みを行っていると考えられる。ただし，仕事と子育ての両立を，真に「多様な人材の活躍」が可能な組織への変革を目指して取り組んでいるのか，一部の子育て社員，あるいはさらに対象を絞って，女性の子育て社員

のみへの優遇策もしくは福祉施策として取り組んでいるのかによって，見えて
くる課題も必要とされる施策も大きく異なってくるだろう。前者をダイバーシ
ティ経営の視点に立った仕事と子育ての両立支援企業（以下，「ダイバーシ
ティ経営企業」），後者を福祉的な視点で子育て社員を支援する企業（以下，
「子育て支援企業」）と二分して，その違いをみてみよう。

　例えば，子育てのための柔軟な働き方を導入するに際し，「子育て支援企
業」では，短時間勤務やテレワークの利用者が，その働き方のために仕事の範
囲や質に制限がかかったとしても，あまり気にかけない。なぜなら，短時間勤
務やテレワークでは，従来のフルタイムの正社員のようには能力発揮や組織貢
献ができなくて当然だと考えており，短時間勤務やテレワークは，子育て社員
への優遇策として，特別に認められているという考え方があるためである。そ
のため，こうした柔軟な働き方の対象者を広げることには消極的になりやすい。
テレワーク制度を導入しても，システムやワークルール上の問題等があれば，
テレワークでできる仕事は限られ，生産性の低い働き方のままで放置されるこ
とになる。一方で，「ダイバーシティ経営企業」では，子育て社員のニーズを
契機に導入した柔軟な働き方の選択肢をすべての社員に拡大する可能性を探り，
業務配分や評価方法などの運用ルールを整備し，制度利用者に対しても研修等
を通じて，生産性の高い働き方を期待する。結果として，子育て社員は，両立
のための柔軟な働き方を選択しながら，生産性の高い仕事をすることができ，
また自分たちだけが優遇されているという負い目を感じず，自分の知見や能力
を職場で発揮することができる。

　男性の育休取得を推進する際も，「子育て支援企業」では，育休取得率を上
げることが目的になり，制度の周知や休業の有償化などの金銭的インセンティ
ブの提供が重視される。一方，「ダイバーシティ経営企業」では，休暇を取得
しにくい職場の働き方自体の課題や長期休暇に伴う評価の影響などに着目し，
働き方改革や人事評価制度の見直しなどにも取り組む。子育て社員の男女間で
の公平性だけでなく，社員間での子の有無による公平性にも着目し，すべての
社員が休暇を取得しやすい環境整備も進める。

　こうした取組みの違いは，採用方針の違いにも表れるだろう。「子育て支援

企業」では，子育てなどで特別な支援を要する可能性の高い女性の採用を控える姿勢に変化が起こりづらいが，「ダイバーシティ経営企業」では，子育てを担う社員を職場の多様性を高めうる存在として前向きに受け止め，男女問わない採用を行うことになる。

　さらに，仕事と子育ての両立支援の考え方は，両立支援が企業経営に与える影響にも差をもたらすと考えられる。単なる子育て支援では，子育て社員の就業継続は可能となっても，活躍を促すことは難しい。一方，「ダイバーシティ経営企業」の両立支援は，子育て社員が就業継続しながら活躍することを可能にすると同時に，それ以外の社員の働き方の多様性を確保することにより，社員全体のワーク・ライフ・バランス（以下，「WLB」）を実現しながら活躍できる可能性を広げる。

　同じように「仕事と子育ての両立支援」を行っているつもりでも，こうしたアプローチの違いがあるということに気づかないまま，女性社員の増加や男性社員のWLB意識の変化などにより，子育て社員が増加するにつれ，対応に苦慮する「子育て支援企業」も少なくないとみられる。特別な支援対象が増えてしまうことを憂慮するよりも，すべての社員が柔軟な働き方を活用し，働き方にかかわらず活躍できる環境を整備する「ダイバーシティ経営企業」へのアプローチの重要性を理解することが必要であろう。

2　子育て家庭や社会の変化

　企業における「仕事と子育ての両立支援」が本格化した1990年代には，女性のライフコースとしては，「結婚・出産を機に離職し，子どもがある程度大きくなってから再び働く」という「再就職型」の希望が多数であった。子育て後の再就職に際しては，今のように「短時間の正社員」という選択肢がほぼなかったことから，パートタイム勤務の非正社員としての再就職が多数であった。したがって，共働き家庭の多くは，フルタイム正社員の夫とパートタイム非正社員の妻という組み合わせであり，家事・育児は妻が主に担うという家庭内役割分担により，仕事と子育ての両立が成り立っていた。非正社員の妻は家計補

助という役割に限定され，積極的なキャリア形成の視点は乏しく，夫のキャリア優先で妻の働き方が調整されていた。妻もフルタイム勤務の家庭では，通常の保育所利用に加え，夫婦いずれかの親から家事や子育てのサポートを受けて両立を実現させているケースが多かった。地域の保育サービスも女性の「再就職型」のライフコースに対応し，3歳以上の預かりが主であり，0〜2歳の乳児を対象としたサービスは少なく，延長保育や病児・病後児保育などのサービスも少なかった。

　しかし近年では，こうした子育て家庭や世帯の状況，地域の子育て支援環境なども変化してきている。内閣府「令和5年版　男女共同参画白書」でもこうした変化を受け，「『男性は仕事』『女性は家庭』の『昭和モデル』から，全ての人が希望に応じて，家庭でも仕事でも活躍できる社会，『令和モデル』に切り替える時である」としている。「令和モデル」では，夫婦がともに正社員で，それぞれが積極的なキャリア形成を図ることを前提に，家事・育児などの家庭内役割を分担する。夫も育休を取得し，育休からの復職後も継続的に育児を担うことが求められる。

　三世代同居や近居は減っており，就業を継続するシニア世代の割合も高まっていることから，急な残業や出張への対応，子どもが病気の時の預かりや育児不安への対応などにおいて，親族による子育て支援は得られにくくなっている。そのため，夫婦での支え合いや地域の支援の重要性が高まっている。地域の子育て支援サービスは充実してきているものの，正社員として就業継続を望む女性が，希望する保育所を利用していつでも育休から復職できるという状況には至っていない。病児・病後児保育や子育て不安に対する相談支援なども拡充されつつあるが，親族の支援を代替するまでには至らない。

　企業の「仕事と子育ての両立支援」に期待される役割，選択できる働き方やキャリア形成支援は，こうした変化にも対応する必要がある。

3　「仕事と子育ての両立」を取り上げる意義と主要テーマ

　本書は，ダイバーシティ経営の視点から「仕事と子育ての両立」を取り上げ

るが，その意義は2つある。第一に，日本企業において，仕事と子育ての両立
のための柔軟な働き方支援は比較的長期にわたって実践されている領域であり，
制度設計・制度運用等における課題や効果について，他の領域への示唆も得ら
れると考えられる。先に紹介したような福祉的な子育て支援とダイバーシティ
経営の視点に立った支援の違いは，介護や治療と仕事の両立など，他のWLB
課題にも通じるものがある。第二に，企業におけるダイバーシティ推進が，
「女性」「子育て」から，より広範な対象とWLB課題に拡大し，全社員の働き
方改革が進んでいる中で，「働き方の多様化する組織」が直面する問題を，子
育てとの両立を例として浮かび上がらせることができるという点にある。

　本書では，1990年以降の法整備等による国からの働きかけや，夫婦の役割分
担，地域における子育て支援の変化を踏まえ，企業における「仕事と子育ての
両立支援」の今日的課題を整理している。主な課題として，正社員を対象とし
た「子育て女性の能力発揮とキャリア」「男性の子育て」を取り上げる。また，
子育て社員のサポートを期待されてきた「同僚」がWLBやダイバーシティ，
働き方改革のターゲットとなることによっても見えてくる課題についても検討
する。

　議論の視点としては，同質的な人材や働き方を前提とした従来の日本的経営
におけるWLB支援では，特別な支援を必要とする人材とみられがちな「子育
て社員」が，ダイバーシティ経営による柔軟な働き方や多様なキャリア形成を
可能とする取組みにより，企業が積極的に採用し，定着・活躍を期待する人材
となるのではないか，ということを重視している。特に，第3章で「育休復職
後の女性の就業継続と活躍」，第4章で「男性の仕事と子育ての両立課題」を
それぞれ取り上げ，男女それぞれの仕事と子育ての両立のあり方と企業の支援
をみているが，そのどちらの章でも，ここで示したように，子育て支援を単な
る子育て社員への優遇策や福祉的支援ではなく，ダイバーシティ経営の文脈の
中で捉え，課題や必要な施策を示していく。仕事と子育てのバランスのあり方
の多様性を前提に，仕事と子育ての両立のために制約のある働き方を選択した
人材が，受容・包摂されて能力を発揮するための組織の課題について検討し，
職場等の変革のあり方を検討することが本書の重要な関心テーマである。

4 本書の構成

　本書の構成と，各章の内容を簡単にまとめたい。第1章では，企業における社員へのWLB支援について整理する。企業の人材マネジメントにおけるWLBの概念・重要性の整理を行い，日本企業のWLB支援の変遷・背景の分析，今後の課題の検討を行っている。

　第2章では，国における「仕事と子育ての両立支援」政策の経緯を整理する。本書は，ダイバーシティ経営の視点から「企業における仕事と子育ての両立支援」をテーマとしているが，国がこの問題を社会課題としてどのように取り扱い，法整備等の施策を講じてきたのかが，企業の目的等の設定に大きく影響すると考えられることから，国の取組みの「目的」や「施策の特徴」について明らかにする。国については，他の先進諸国や国際機関の視点，施策との比較も行っている。

　第3章では，女性の育休復職後の就業継続とキャリア形成を取り上げる。仕事と子育ての両立を就業継続の視点からだけでなく，能力発揮やキャリア形成の視点から支援する必要性が増している。特に時間制約社員のマネジメントが重要であり，こうした視点から，育休復職者に対する支援も，制度利用者本人を対象とした意識啓発型のものから，上司を対象としたマネジメントスキル提供型へ重点が移ってきている。本章では，時間制約社員に対するマネジメント（仕事の配分，目標設定，評価）の実態と，時間制約社員の活躍を促す視点から求められるマネジメントのあり方を考える。また，出産前後のキャリア意識の変化を踏まえ，出産後のキャリア形成意欲を消極的なものにさせないために，企業によるどのような取組みが必要かを検討する。

　第4章では，男性の仕事と子育ての両立課題を取り上げる。女性の子育ては，女性の就業継続に大きな影響を与えるため，企業の両立支援の動機も主に離職防止にあるが，男性の場合，企業の支援の動機にどのような違いがあるのか。従来は，配偶者の就業継続や活躍に対する影響や職場の働き方見直しへの効果等が重視されてきたが，近年は，男性自身の子育て欲求やWLBの視点からの

ニーズが表面化しつつある。男性の子育ての現状と関連政策や企業の取組みをみることで，様々な側面からの男性の子育ての意義を考える。男性の育休取得を促進するための法改正も行われているが，育休は男性の子育て参画の1つの象徴であり，男性の仕事と子育ての両立については，全社員の働き方改革をどのように進めるかといった問題を含めて人材活用という側面から考える必要があるだろう。

　第5章では，同僚の働き方と子育て社員との関係について考える。仕事と子育ての両立支援においては，子育て社員本人の働き方を勘案することが重視されるが，そのことによって周囲の同僚との働き方の差が大きくなると，子育て社員が一人前の期待役割を担う社員とみなされにくくなり，本人も自信を持って働くことが困難となる。また，子育て社員の長期休業や短時間勤務等をサポートする同僚の働き方や評価についても，近年，企業の問題意識が高まっており，対策が求められる。全社員の働き方改革により残業削減や柔軟な働き方の導入が進めば，子育て社員も負い目を感じずに支援を受けやすくなり，同僚との間の不公平感も解消されやすくなると考えられる。ただし，全社員の働き方改革によって，子育て社員が特別にサポートされる存在でなくなることにより，深夜勤務や宿直，転勤等が，子育てを理由にすべて免除されるという考え方が通用しなくなるなど，両立方法を見直す必要が出てくる可能性もある。今後，全社員を対象とした働き方改革や多様性を尊重する経営を行っていく中で，子育て社員と同僚の働き方の違いや互いの関係性はどう変わっていくのかを考える。

　第6章では，夫婦の働き方の変化や希望するライフコースの変化と地域における子育て支援のあり方について考える。子育て家庭におけるライフステージに即した働き方の希望から，現代の子育て家庭における役割分担等の課題を検討する。また，かつては自分の両親などの親族によって行われてきた子育て相談や緊急時のサポートに代わるサービス，家事等の生活支援サービス，地域コミュニティの中での共育等へのニーズが，今後は拡大すると考えられる。夫婦がともに子育てをしながらキャリア形成を図ることを目指す社会において，地域の子育て支援にどのような役割が期待されるのか，また，家庭内の役割や地

域の支援の違いに対し，企業はどのように対応すべきかを検討する。

　以上の全6章のテーマを通じて，仕事と子育ての両立という側面から，ダイバーシティ経営を推進する企業において検討すべき課題を提示する。すでに多くの検討と取組みが行われているテーマであるが，本書から1つでも新しい視点を得て，経営やマネジメントに生かしていただくことができれば幸いである。

| 注
1　正式法令名は「育児休業，介護休業等育児又は家族介護を行う労働者の福祉に関する法律」。
2　正式法令名は「女性の職業生活における活躍の推進に関する法律」。

| 参考文献
佐藤博樹（2020）「ダイバーシティ経営と人材マネジメント」佐藤博樹編著『ダイバーシティ経営と人材マネジメント』勁草書房.

第 1 章

企業による社員の仕事と子育ての両立支援[1]

　日本企業におけるダイバーシティ経営の出発点は，女性の活躍の場の拡大のために開始された仕事と子育ての両立支援にある。具体的には，男女雇用機会均等法[2]施行（1985年成立[3]，1986年施行；以下，「均等法」）以降における女性の職場進出の拡大を背景に，出産や子育てといったライフイベントに女性社員が直面しても就業継続できる環境整備が社会的な課題となった。それは均等法が施行されても仕事と出産や子育ての両立が難しく，離職する女性が少なくなかったことが背景にある。

　こうしたこともあり，1991年に育児休業法[4]（1995年の改正で育児・介護休業法となる）が成立し，これを受けて企業による社員に対する仕事と子育ての両立支援がスタートした。つまり，企業による社員のワーク・ライフ・バランス（WLB）支援は，女性の「子育て支援」から始まったのである。しかし，2010年代までは企業による子育て支援を中心とする両立支援は，女性社員を念頭におき，仕事と子育ての両立が1人でもできるように育児休業や短時間勤務制度などを法定以上の水準に引き上げることが主で，多くの企業では，全社員の働き方改革や女性の配偶者の子育て参加を促すための取組みは遅れていた。その結果，女性社員ではいわゆるワンオペ育児が目立ち，仕事と子育ての両立に苦労し，女性の継続就業率が高まっても，女性管理職の増加など女性の活躍の場の拡大が進展しない状況が続いていた。

　本章では，まず企業の人材マネジメントにおけるWLBの概念とその重要性を整理し，それを踏まえて日本企業におけるWLB支援の変遷と背景を分析し，今後の課題を検討する。

1 企業の人材マネジメントとワーク・ライフ・バランス

　企業の人材マネジメントにおけるワーク・ライフ・バランス（WLB）の概念は，通常，社員がWLBを実現できるように，あるいはWLBが実現できない状態であるワーク・ライフ・コンフリクト（WLC）に陥らないようにするための取組み，つまり社員のWLB支援として使われることが多い。人材マネジメントにおいてWLB支援が重要なのは，WLCに陥ると社員が仕事に意欲的に取り組むことが困難となったり，離職につながったりすることが知られていることにある（佐藤・武石，2010）。

　WLBを実現できている社員は，仕事で期待されている役割と仕事以外の場で求められている役割の遂行の両立ができている状態にある。他方，仕事上の役割と仕事以外の役割の遂行の両立が困難な場合，社員はWLCの状態にある。企業が雇用する社員は，通常，仕事上の役割とは別に仕事以外の場で複数の役割遂行が求められていることが一般的である。しかし，「生活関心の中心」（central life interest）が「仕事世界」にある社員が，企業の中核的な人材層を構成する時代もあった。そうした人材を「ワーク・ワーク社員」と呼称すると，定義上，そうした社員は仕事以外に遂行すべき役割があることを自覚していないため，WLCに陥ることがなく，企業としては社員のWLB支援に取り組む必要がないことになる。こうした社員の典型例として，夫は仕事を担い，妻が家事・育児を担うという性別役割分業を前提とした，仕事中心のライフスタイルの男性既婚者をあげることができる。こうした「ワーク・ワーク社員」の仕事意欲を左右する要因は，担当する仕事の内容，上司による働きぶりの評価，仕事上の貢献に対する反対給付（報酬）の内容，さらには管理職昇進の機会などにあったといえる[5]。しかし，「生活関心の中心」が仕事だけでなく仕事以外にもある社員，つまり「ワーク・ライフ社員」が増加すると，企業の人材マネジメントにおいて，職場で働いているときだけでなく，仕事以外の生活の場における社員を視野に入れる必要性が高まることになる。企業の人材マネジメントにおけるこうした視点の1つが，社員のWLB支援という考え方である。

ハーズバーグの衛生要因・動機づけ要因の2要因理論を援用すれば，社員の WLBは「新しい衛生要因」と考えられる。WLBが実現できることで仕事意欲 が高まるわけではないが，WLBが実現できずにWLCの状態に陥ると，社員の 仕事意欲が低下したり，退職したりすることにつながる。

　WLBが実現できないWLCとは，社員の仕事領域における役割遂行と仕事以 外の領域における役割遂行の間の葛藤（役割葛藤，role conflict）の状態を意 味し，役割間の葛藤が生まれる要因として次の2つが指摘されることが多い （Greenhaus & Beutell，1985）。

　第一は，時間資源[6]やエネルギー資源（体力，気力など）は有限であるため， 仕事領域における役割遂行により多くの資源を割く必要が生じると，仕事以外 の役割遂行に必要な資源を投入できなくなることによって生じる役割葛藤であ る。逆に仕事以外の領域で資源を多く割く必要があることで生じる役割葛藤も ある。実証的な調査研究では，稀少な資源として比較的計測が容易な時間資源 が取り上げられることが多い（1日・24時間，1週間・7日間など時間は有限 のため測定可能）。例えば，恒常的に長時間労働の職場で働いている社員は， 仕事以外の領域，例えば家庭において担うべき役割を遂行するための時間を確 保できず，家庭で本人が担うべきと考えている役割遂行が阻害されることで役 割葛藤を感じることになる。こうした点で，仕事での労働時間の長さが生活時 間の中で大きな比重を占めるかどうかが，社員がWLBを実現できるかどうか を規定する主要な条件となる。また，労働時間の長さだけでなく，仕事の進捗 管理の裁量度や出退時間の自己管理など労働時間配分の柔軟性に影響する要因 もWLBのあり方を左右することが知られている[7]。

　第二は，仕事領域における役割遂行に求められる価値・規範と仕事以外の領 域における役割遂行に求められる価値・規範が，対立したり矛盾したりするこ とによる役割葛藤である。例えば，仕事領域では効率性や合理性が期待される のに対して，仕事以外の領域，例えば子育てでは，時間をかけ優しく接するこ となどが重視されることなどによる。仕事中心の価値観を受容していた男性社 員が，子育てに関わることを求められる場合などにしばしば経験する役割葛藤 でもある。

　WLBやWLCは，仕事領域と仕事以外の領域において，資源の希少性やそれぞれにおける役割行動を支える価値観や規範が異なることから役割葛藤が生じる可能性を想定している。しかし最近は，両者の間に葛藤が生じる可能性を踏まえた上で，仕事領域と仕事以外の領域におけるそれぞれの役割の関係について，プラスの相乗効果を想定した研究も増えつつある。仕事役割のみでなく，同時に仕事以外の家庭などでの役割を担うこと，つまり複数の役割を担うことが，個々人の精神的あるいは身体的な健康に貢献するとの主張である。こうした考え方はワーク・ファミリー・エンリッチメントと呼ばれる（Greenhaus & Powell, 2006）。

　上記のようなWLBの考え方を踏まえ，日本企業が人材マネジメントにおいてWLB支援，とりわけ仕事と子育ての両立支援に関してどのように取り組んできたのか，その背景要因を含めて検討しよう。

2　社員の構成や価値観の変化とワーク・ライフ・バランス支援

⑴　女性の就業意識や労働力構成の変化

　日本企業が人材マネジメントにおいてWLB支援を重視するようになってきた背景には，均等法や育児休業法など新しい労働法制の施行だけでなく，就業者の価値観や就業意識の変化や，それらによる労働市場における労働力の構成の変化があった。就業意識の変化を背景に，女性の大学進学率が上昇し，また結婚や子育てなどのライフイベントがあっても就業継続を希望する女性が増加した。こうした結果，1990年代後半から共働き世帯（雇用者の共働き世帯）が専業主婦世帯（男性雇用者と無業の妻からなる世帯）を上回ることになった（2020年では共働き世帯が1,240万で，専業主婦世帯が571万）。また，女性の結婚や子育ての期間に該当する25歳～44歳層の労働力率の推移を確認すると，1985年56.5％，2005年64.0％，2010年66.5％，2015年71.6％，2020年77.4％，2022年79.8％と増加している（総務省「労働力調査」）。ただし，共働き世帯数の増加の大部分は，妻がパートタイム勤務で働く世帯（2021年で617万世帯）の増加

によるもので，妻がフルタイム勤務の共働き世帯（同年486万世帯）の数は横ばいである[8]。

　女性の就業率向上の背景にある家庭と仕事の関係に関する考え方（就業意識）に関して，同一設問で継続調査しているNHK放送文化研究所の「日本人の意識」調査（**図表1-1**参照）でみると次のようになる。

　調査が開始された1973年では〈育児優先〉（42％）が最も多く，これに〈家庭優先〉（35％）が続き，〈両立〉がよいと考えている人は20％と両者よりも少なかった。つまり1970年代半ばは，結婚か出産を契機に仕事を辞め，家庭に入るべきとする考え方が一般的であった。しかしその後は，〈両立〉が増加を続け，均等法施行後の1988年には33％になり，さらに1998年には〈育児優先〉を上回り〈両立〉（46％）が最も多くなった。その後も〈両立〉は増加を続け，

図表1-1　家庭と仕事の関係

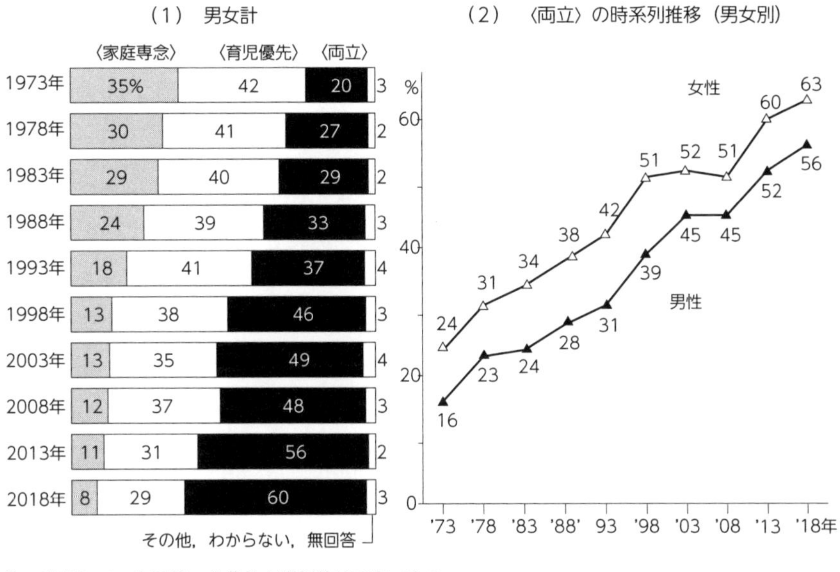

（1）　男女計

（2）　〈両立〉の時系列推移（男女別）

注：略記している回答の具体的な選択肢は下記である
<家庭専念>：「結婚したら，家庭を守ることに専念したほうがよい」
<育児優先>：「結婚して子どもができるまでは，職業をもっていたほうがよい」
<両立>：「結婚して子どもが生まれても，できるだけ職業をもち続けたほうがよい」
出所：NHK放送文化研究所編（2020）

2018年には60％を占めている。さらに〈両立〉は，男女ともにすべての年齢層で増加していることが注目される。ただし，〈両立〉は男性でも増加しているものの，男女を比較するといずれの調査時点でも男性は女性よりも10％ポイント程度低くなることに留意が必要である（NHK放送文化研究所編，2020，p. 51）。

　また，データは示していないが，就業意識の変化では，1970年代後半から1980年代にかけて，男女ともに「仕事志向」が大きく減少し，「仕事・余暇両立志向」や「余暇志向」が増加しており，WLB志向の高まりが確認できる（NHK放送文化研究所編，2020，p. 150）。

⑵　企業の人材マネジメントの変化

　女性の就業意識の変化や大卒女性の増加，さらには均等法など新しい労働法制の施行など社会経済環境の変化に対応するために，企業は人材マネジメントとして，いわゆる総合職など基幹的な人材として大卒女性の活用を拡大すると同時に，結婚や子育てなどに関する女性の就業継続支援に取り組むようになってきた。しかし，均等法施行後の1980年代後半から1990年代前半に大卒総合職として採用された女性社員の多くは定着せず，離職することが多かった。均等法への対応策として，いわゆる「コース別雇用管理」を導入する事例が特に大企業で多く見られたが，コース別雇用管理に関する当時の調査によると，一般職に比較して総合職として採用された女性は，基幹的な業務に配置されたものの，職場における仕事の配分や育成機会，さらには，部下に対する上司の育成期待などに男性と相違があり，そのことが後の能力伸長にマイナスになっていたことが明らかにされている（佐藤，1999）。そのため，総合職として採用された女性は，能力開発機会に恵まれず，その結果，キャリアの将来に疑問を持ち，退職することにつながった可能性が指摘されている。

　こうした男女による能力開発機会の差は，均等法改正（2007年施行）後も継続していたと想定される[9]。例えば，大卒以上で大企業８社に新卒で採用され，勤続年数が５年から15年未満の総合職（例えば転勤の可能性有）（男性1,462人，女性529人）に職場での仕事経験などに関して男女で有利・不利があるかどう

図表1-2 ｜ 職場で担当した業務や上司の指導などに関して男女による有利・不利の評価　（2014年調査）

	男　性 (n=1，462)			女　性 (n.=529)		
	1. 男性有利	2. 女性有利	3. 有利・不利ない	1. 男性有利	2. 女性有利	3. 有利・不利ない
a. 担当する仕事の内容	21.3%	6.4%	72.2%	20.0%	2.3%	77.7%
b. 職場や会社に関する情報入手の機会	9.0%	4.7%	86.3%	17.2%	1.3%	81.5%
c. 研修に参加する機会	3.3%	3.5%	93.2%	5.5%	2.3%	92.2%
d. 出張の機会	15.5%	2.7%	81.9%	23.1%	0.9%	76.0%
e. 上司や先輩から声をかけてもらう機会	6.5%	17.3%	76.2%	17.6%	8.5%	73.9%
f. 上司や先輩から厳しく指導される機会	29.5%	6.8%	63.7%	32.9%	3.6%	63.5%
g. 上司や先輩からクライアントを紹介・同行してもらう機会	4.7%	8.7%	86.6%	11.9%	3.2%	84.9%

出所：ワーク・ライフ・バランス＆多様性推進・研究プロジェクト（2016年）の調査による

かを尋ねた結果は**図表1-2**のようになる。設問は，「現在の会社でのこれまでのご自身に対する会社や上司の期待，仕事の与えられ方，研修参加機会などの面で，同年代の男性総合職と女性総合職を比べて，有利・不利を感じたことがありますか」である。同調査は2014年に実施されたため，対象となった勤続年数から判断すると調査対象者の入社年は1999年から2009年頃となる。退職した社員は調査できてないという限界はあるが，同じ企業の同じ雇用区分の総合職の男女正社員に対する調査ということで紹介する。調査結果によると，それぞれの選択肢に関して「有利・不利はない」との回答が男女ともに多いものの，「上司や先輩から厳しく指導される機会」や「担当する仕事の内容」さらに「出張の機会」では，「男性が有利」の割合が男女ともにかなりの比率を占める。また女性では，「職場や会社に関する情報入手の機会」や「上司や先輩から声をかけてもらう機会」は「男性有利」が20％弱となる。こうした仕事経験や上司などの指導における男女差が，女性の能力向上機会にマイナスの影響をもたらしている可能性が高いと判断できる[10]。

　さらに，総合職として採用された女性が退職した理由では，結婚や出産が主となり，仕事と結婚や出産との両立が難しいことが指摘されている。つまり，職場における仕事経験つまり能力伸長機会の男女差に加えて，仕事と結婚や子

育てなどを両立できる職場環境の欠如が，総合職女性だけではないが，女性が
退職する背景に均等法施行後も続いていたことがわかる。その後，1991年の育
児休業法成立を背景に，企業は，女性の就業継続を支援するために仕事と子育
ての両立を支援する仕組みを整備するようになっていく。育児休業制度が企業
に導入されたものの，導入当初は，育児休業（育休）の法定期間よりも長く子
育てに関わりたい女性も少なくなく，自主的に就業中断を選択する者もまだ多
く存在した。そのため，結婚や子育てなどを理由に退職した女性が，子育てが
一段落した後に以前勤務していた企業やその関連企業に再就職を希望する場合，
採用後の処遇などで優遇する仕組みとして再雇用制度を導入する企業が増加し
ている[11]。その後，大企業を中心に育休の取得可能期間が法定以上に延長され
たり，短時間勤務など多様な両立支援制度が整備されたりすることで，再雇用
制度を導入する企業や活用する社員が減少することになる。

⑶ WLB支援の変遷：女性の子育て支援や仕事と子育ての両立支援から男性の子育て参加へ

　1990年代後半までのWLB支援は，子育てする女性の就業継続を育休取得な
どで支援する内容で，企業におけるWLB支援の対象者やWLBの範囲は限定的
であった。具体的には，出産や子育てといったライフイベントに女性社員が直
面しても就業継続ができるようにする「子育て支援」が，WLB支援の出発点
であった。また，この頃まではWLBではなく，1999年に開始された厚労省の
「ファミリー・フレンドリー企業」表彰のように，「ファミリー・フレンド
リー」という言葉が使われることも多かった[12]。その後，前述したように「子
育て支援」（育児休業制度の整備と取得円滑化）から仕事と子育ての「両立支
援」（短時間勤務など柔軟な働き方の導入と利用期間の延長）へとWLB支援の
考え方が変化していった。しかし実態としては，配偶者を含めたカップルでの
子育てを想定したものではなく，女性が1人でも子育てと仕事が両立できるよ
うに支援するものであった。

　その後，2005年4月の次世代育成支援対策推進法（以下，「次世代法」）施行
（「一般事業主行動計画」の作成と届け出）を背景に，「くるみん認定」取得を

目指して，認定基準の1つである男性の育休取得を満たすため，男性の育休取得を促す企業が増えてきた。しかし，取得する男性社員は少なく，取得しても「点」としての極めて短期の育休取得で，育休から復帰後も継続的に子育てに参加する「線」として，あるいは子育てだけでなく家事なども含めた「面」として，男性が育児や家事に参加できるように，カップルでの子育てや家事を支援したり，さらには自社の女性社員の配偶者（多くは他社に勤務）の子育て参画を促したりするという視点は弱かった。

　例えば，1992年4月の育児休業法施行により，育休が法定の権利とされたものの，2010年6月の育児・介護休業法改正まで，過半数代表と協定により，配偶者が専業主婦（夫）である社員に関しては，育休の対象外とすることができ，企業の多くはこの労使協定を結んでいた[13]。つまり，「くるみん認定」の当初の基準に男性の育休取得1名が含まれていたものの，2010年6月の育児・介護休業法改正まで，専業主婦がいる男性社員は育休取得ができない企業が多かったのである。こうしたこともあり，次世代法施行後も，男性の育休取得率（民間企業）は，2010年は1.4％であったが，2017年に5.1％となり，2020年には12.7％と初めて10％を超えた。しかし，2022年でも17.1％と2割を下回る状況にある。2020年以降は，男性の育休取得率が増加傾向にあるものの，男性の育休取得の期間は短く，さらに，取得後における長期の子育てへの継続的な参加は，2022年時点では実現できていないと判断できよう[14]。

　2000年代に入ると，企業によるWLB支援は，女性の子育て支援から女性の仕事と子育ての両立支援へ移行してきた。背景には，2009年の育児・介護休業法改正による短時間勤務や所定外労働の免除などの措置義務化などによって，仕事と子育ての両立を可能とする柔軟な働き方を企業が導入するようになったことがある。しかし，育休から復帰した後に利用できる短時間勤務など仕事と子育ての両立を可能とする制度の導入が行われたものの，男性を含めた働き方の改革が進展しなかったため，女性が仕事と子育てを両立するためには，両立支援制度を長期利用せざるをえないような状況が続くことになった[15]。例えば，夫が長時間労働だと，短時間勤務を希望する女性が多くなることが明らかにされている（三菱UFJリサーチ＆コンサルティング，2009）。

　WLB支援の範囲が子育て以外の介護に広がり始めるのは2010年前後からで，仕事と介護との両立をWLB支援に含める企業が増えてくる。さらに，2016年からの働き方改革実現会議や2017年3月の働き方改革実行計画では，仕事と病気の治療の両立が取り上げられ，企業におけるWLB支援の範囲が仕事と治療の両立へと広がってくる。WLB支援の範囲が子育てから介護や治療へと広がることで，WLB支援の対象となる社員層も女性中心から男性を含めた範囲に広がり，年齢層も子育て中の社員だけでなく多様な社員層へと拡大してきた。このことは，子育ての優先度が下がることを意味するのではなく，子育てを特別視しないことで制度利用への障害が取り除かれていくことを意味しているといえるだろう。

　しかし，企業の人材マネジメントにおけるWLB支援の範囲や対象層は広がってきたものの，対象として想定されている社員はいわゆる正社員に限定されており，有期労働契約の社員では，WLB支援の内容を法律上の範囲にとどめる企業が多い現状がある。さらに，仕事と仕事以外の多様な課題の両立を全社員が実現できるように，WLB支援の対象や範囲を拡大し，両立支援制度を整備するだけでなく，男性を含めた全社員の働き方を改革し，WLBが実現できる「働き方」に転換することを目指している企業はまだ少ない[16]。

3 ワーク・ライフ・バランスの土台としての男性を含めた働き方改革：カップルでの子育てを実現できるか

　企業のWLB支援は子育て支援から両立支援へと転換してきたが，そのことが女性の活躍に結実しなかった最大の要因は，すでに説明したように，男性の長時間労働と男性の子育て参加が進展しないことにあった。そこで労働時間の推移をみてみよう。

　1987年の労働時間法改正によって法定労働時間が段階的に引き下げられた結果，1990年代にかけて週休2日制を導入する企業が増加し，年間の実働労時間が減少した。1990年代半ば以降も雇用者全体では年間の実労働時間が減少したが，それはパートタイム勤務者の増加によるもので，フルタイム勤務者を取り

上げると，年間の実労働時間は2,000時間前後でほとんど減少していない。それだけでなく，年間就業日数が200日以上で子育て期に対応する30〜39歳の男性正社員の週労働時間をみると，60時間以上が9.5％で，49時間から59時間も21.9％にもなる（総務省『就業構造基本調査（2022年）』）。こうした長時間労働もあり，男性の家事・育児への参画は極めて低水準にある。6歳未満の子どもを持つ共働き世帯の男性で，「家事」をしている者（行動者率）は23.3％，「育児」をしている者（同上）は31.0％に過ぎない。共働き世帯の男性の家事や育児に関する行動者率は，片働き世帯の男性とほぼ同水準でしかない（総務省『社会生活基本調査（2016）』）。

　NHK放送文化研究所の「日本人の意識調査」によると，男性の家事や育児の考え方では，〈すべきでない〉（「台所の手伝いや子どものおもりは，一家の主人である男子のすることではない」）と〈するのは当然〉（「夫婦はお互いたすけ合うべきものだから，夫が台所の手伝いや子どものおもりをするのは当然だ」）を比較すると，〈するのは当然〉は，調査開始時点の1973年でも53％と半数強を占め，〈すべきでない〉の38％を上回っていた。さらにその後も〈するのは当然〉が増加を続け，2018年では89％と大多数を占めている（NHK放送文化研究所編，2020，p. 54）。他方で，NHK放送文化研究所が2013年に実施した別の調査のよると，「夫婦ともに同じ程度仕事をしている」場合でも，家事・育児に関して男女ともに「夫と妻が同じくらいする」（男性31％，女性35％）よりも「妻が中心で，夫が協力する」（男性64％，女性61％）が多いことが明らかにされている（NHK放送文化研究所編，2020，pp. 55-56）。つまり家事や育児に関する男性の考え方に変化はあったものの，前述のように6歳未満の子どもがいる男女の家事・育児時間を比較すると，女性が大部分を担っているという現実が続いている。従来の性別役割分業意識とは異なるが，妻が仕事だけでなく家事・育児も求められる「新・性別役割分業意識」が形成されている可能性が高いのである。こうした結果，男性の家事・育児時間が増えても，家事・育児時間における男女差が依然として大きい状況が続いている[17]。この点は**図表1-3**で確認できる。

　現状では，就業する女性は仕事と子育ての両立を1人で実現することが求め

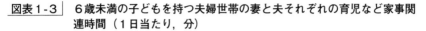

図表1-3　6歳未満の子どもを持つ夫婦世帯の妻と夫それぞれの育児など家事関連時間（1日当たり，分）

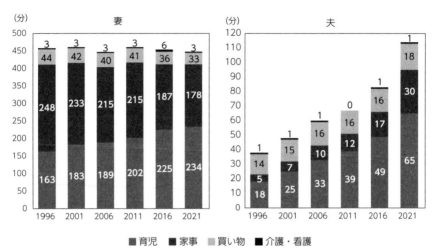

■育児　■家事　□買い物　■介護・看護

出所：社会生活基本調査をもとに作成

られる状況に置かれており，仕事と子育てを両立するためには，前述のように短時間勤務など両立支援制度を長期に利用せざるをえないことになり，職場での女性の活躍が阻害されている。それだけでなく，短時間勤務を利用する女性社員とフルタイム勤務で残業も担っている社員の間に軋轢が生じている職場も少なくない[18]。

　もちろん，女性の活躍の場の拡大のためには男性の働き方の改革が不可欠，という考え方はかなり前から主張されていた。例えば，2007年12月に政府に設けられた「ワーク・ライフ・バランス推進官民トップ会議」が取りまとめた「仕事と生活の調和（ワーク・ライフ・バランス）憲章」や憲章を実現するための行動指針には男性の働き方の改革が含まれていた。しかし，前述のように，フルタイム勤務の正社員の労働時間は2,000時間前後で推移し，男性の子育て参加が進展しない状況にある。こうした正社員の長時間労働の改善と男性の子育て参加が進展しない結果，女性の仕事と子育ての両立を支援する制度は充実したものの，女性の管理職比率が改善しないなど，女性の活躍の場は拡大しな

かったと考えられる。

こうした中，企業の人材マネジメントが両立支援から活躍支援へと転換することを促すために，2016年に女性活躍推進法が施行された。1986年の均等法施行から30年を経て，制度面から実施的な男女雇用機会均等が目指されることになった。また，長時間労働の解消を目指して，2019年には労働基準法が改正され，罰則付きの所定外労働時間の上限規制の導入などが行われ，今後は，男性を含めた働き方改革が進展する可能性がある。また，こうした状況を改革するために，育児・介護休業法の改正によって，育休を取得しやすい環境整備や本人または配偶者の妊娠・出産の申出をした社員に対する個別の周知や個別の意向確認の措置が義務化（2022年4月から施行）された。また，従来の育休とは別に，男性の子育て参加促進のために「産後パパ育休」が創設（2022年10月から施行[19]）されることになった。育休を取得しやすい環境整備には，育休や「産後パパ育休」に関する研修実施や相談窓口設置，取得促進に関する方針の周知などが例示されている。2023年4月からは，大企業に男性の育休の取得率の公表が義務づけられた。いずれも，男性の育休取得や子育て参加の促進を目的とした法改正である。

4 「ワーク・ライフ・バランス支援」から「ダイバーシティ・マネジメント」へ

企業の人材マネジメントにおけるWLB支援の変遷をみてきた。WLB支援を人事戦略として推進してきた企業も少なくない。しかし，日本企業全体としてみると，WLB支援の進展は，均等法，育児・介護休業法，次世代法，女性活躍推進法など新しい労働法制に背中を押された面が大きいことは否定できない（佐藤，2019）。他方で，こうした法改正以前から社会経済環境の変化を踏まえ，経営戦略を支える人事戦略として女性活躍やWLB支援を推進していた企業があり，そうした企業の取組みが法改正の推進力をなっていたことを忘れてはならない。今後は，企業が人事戦略として，女性を主としたWLB支援から，多様な人材が活躍し，企業経営に貢献できるようにする人材マネジメントとして，

ダイバーシティ・マネジメントの実現が求められている。

POINTS

◆ 日本企業における社員に対するワーク・ライフ・バランス支援は，女性の仕事と子育ての両立が出発点であった。さらにその内容は，仕事と子育ての両立支援よりも，結果として子育てが主・仕事が従となる両立支援であった。そのため，企業による両立支援の拡充は，女性の活躍の場の拡大を阻害することにもなった。

◆ 女性の仕事と子育ての両立を実現するためには，男性を含めた全社員の働き方改革を実現し，男性の子育て参加を促進し，カップルでの子育てが当たり前の社会や職場とする必要がある（共働き共育て企業の実現）。

◆ 企業のワーク・ライフ・バランス支援には，仕事と子育ての両立だけでなく，多様な人材が活躍できる企業とするためのダイバーシティ・マネジメントへの転換が求められている。

|注
1 本稿は，佐藤（2020）を改訂したものである。
2 正式法令名は「雇用の分野における男女の均等な機会及び待遇の確保等に関する法律」。
3 1985年に成立した均等法では，育児休業付与は企業の努力義務とされていた。
4 正式法令名は「育児休業等に関する法律」。育児休業が法制化された背景には，1989年の合計特殊出生率が1.57となったいわゆる「1.57ショック」の影響が大きく，人口減少社会への政策的対応が社会的な議論が背景にあった。
5 行動科学など動機づけ要因に関するこれまでの研究をみると，企業が社員に提供する報酬や担当する仕事内容，さらには職場の管理職のマネジメントのあり方などが主で，職場以外での社員の生活を分析対象に含めるものはほとんどなかったといえる。最近，社員の「幸福」（well-being）と生産性の関係に研究が注目されているが，こうした研究は，職場だけでなく，職場以外での社員の生活を視野に入れたものといえよう（Oswald et al., 2015）。日本では岩崎（2020）が，幸福度が労働者の生産性を高めるという因果関係の存在を実証的に示している。
6 時間資源の配分に関する研究として「生活時間」研究がある。日本人の生活時間の現状に関しては，「国民生活時間調査」を分析して紹介しているNHK放送文化研究所（2011）がわかりやすい。2020年の「国民生活時間調査」の結果に関しては，渡辺ほか（2021）を参照されたい。大都市部での在宅勤務が増えるなど，コロナ禍の生活時間配分への影響に

関しても分析されている。

7　この点に関しては，佐藤・松浦・高見（2020）や佐藤・武石・坂爪（2022）の第4章を参照されていた。

8　男女共同参画会議の計画実行・監視専門調査会（第12回，2022年3月2日）の資料による。

9　武石・高崎（2020）の第3章も参照されたい。

10　ワーク・ライフ・バランス＆多様性推進・研究プロジェクト（2018b）は，管理職の部下マネジメントにおける部下の性別による「育成行動」の違い，さらにフルタイム勤務と子育て中の女性が利用することが多い短時間勤務という部下の勤務形態の違いによる「育成行動」の違いを明らかにしている。女性の管理職登用における課題に関しては，武石・高崎（2020）の第5章も参照されたい。

11　均等法は，再雇用別措置として，「妊娠，出産又は育児を理由として退職した女子」を対象として女子再雇用制度の実施を事業主の努力義務としていた。ただし，1995年10月の法改正により，この規定は，育児・介護休業法へ引き継がれ，男女を対象とし，かつ退職理由に「介護」が追加された。再雇用制度は，育児休業制度などによる継続就業支援ではなく，退職しても元の勤務先企業に復職することを可能とすることでキャリア継続を支援する仕組みといえる。その後，育児休業制度が定着することによって，再雇用制度を導入する企業は減少した。再雇用制度の機能に関しては佐藤（2001）を参考されたい。

12　労働省女性局は，1998年度に「ファミリー・フレンドリー」企業研究会を設置している。報告書は，大蔵省印刷局（1999）として刊行され，この報告を受けて労働省（後に厚労省）は「ファミリー・フレンドリー企業表彰」を1999年度から開始している。2007年度からは，同表彰は「均等推進企業表彰」と統合され，「均等・両立推進企業表彰（ファミリー・フレンドリー企業部門）」として継続している。

13　厚生労働省『女性雇用管理基本調査（平成17年度）』によると，調査対象のうち74.5%の事業所は，専業主婦（夫）がいる社員を育児休業から除外していた。

14　男性の育休取得に関する様々な課題に関しては，斉藤（2020），ブリントン（2022），中里（2023）などを参照されたい。

15　短時間勤務制度を長期間活用することの課題に関しては，ワーク・ライフ・バランス＆多様性推進・研究プロジェクト（2013）や武石・松原（2017）を参照されたい。

16　この点に関しては，佐藤・松浦・高見（2020）を参照されたい。

17　梅崎（2020）はこの点に関して，生協で働く女性パートを分析対象として，女性が仕事も家事・育児も求められる新・性別役割分業意識の現状を分析している。

18　この課題の解消に取り組んだ企業の紹介として石塚（2016）がある。

19　「産後パパ育休」（出生時育児休業）は，男性が，配偶者の産後8週間以内に4週間（28日）を限度として2回に分けて取得できる休業で，1歳までの育児休業とは別に取得できる制度である。

|参考文献

石塚由起夫（2016）『資生堂インパクト―子育てを聖域にしない経営』日本経済新聞出版社.

岩崎敬子（2020）『幸福度が高まると労働者の生産性は上がるのか？―大規模実験を用いた

因果関係の検証：プログレスレポート—』基礎研レポート（ニッセイ基礎研究所）1月15日．

梅崎修（2020）「主婦パート労働者の家庭内役割と自らの働き方の選択」佐藤博樹編著『ダイバーシティ経営と人材マネジメント』勁草書房．

NHK放送文化研究所編（2011）『日本人の生活時間・2010　NHK国民生活時間調査』NHK出版．

NHK放送文化研究所編（2020）『現代日本人の意識構造（第9版）』NHK出版．

斉藤早苗（2020）『男性育休の困難：取得を阻む「職場の雰囲気」』青弓社．

佐藤博樹（1999）「女性の職場進出と雇用管理」日本労働研究機構編『リーディングス　日本の労働⑤　雇用管理』日本労働研究機構．

佐藤博樹（2001）「再雇用制度は使命を終えたのか？—その活性化のために」佐野陽子編著『ジェンダー・マネジメント—21世紀型男女共創企業に向けて』東洋経済新報社．

佐藤博樹（2019）「インタビュー：平成という時代は私たちの働き方をどう変えたのか」『賃金事情』1月5・20日，2776号．

佐藤博樹（2020）「ワーク・ライフ・バランス」『日本労働研究雑誌』7月，717号．

佐藤博樹・武石恵美子（2010）『職場のワーク・ライフ・バランス』（日経文庫）日本経済新聞出版社．

佐藤博樹・松浦民恵・高見具広（2020）『働き方改革の基本』（シリーズダイバーシティ経営）中央経済社．

佐藤博樹・武石恵美子・坂爪洋美（2022）『多様な人材のマネジメント』（シリーズダイバーシティ経営）中央経済社．

武石恵美子・高崎美佐（2020）『女性のキャリア支援』（シリーズダイバーシティ経営）中央経済社．

武石恵美子・松原光代（2017）「短時間勤務制度利用者のキャリア形成：効果的な制度利用のあり方を考える」佐藤博樹・武石恵美子（2017）『ダイバーシティ経営と人材活用—多様な働き方を支援する企業の取り組み』東京大学出版会，pp. 135-155．

中里英樹（2023）『男性育休の社会学』さいはて社．

ブリントン，メアリー・C，池村千秋訳（2022）『縛られる日本人—人口減少をもたらす「規範」を打ち破れるか』（中公新書）中央公論新社．

三菱UFJリサーチ＆コンサルティング（2009）「両立支援に係る諸問題に関する総合的調査研究（平成20年厚生労働省委託事業）」．

労働省女性局編（1999）『「ファミリー・フレンドリー」企業をめざして』大蔵省印刷局．

ワーク・ライフ・バランス＆多様性推進・研究プロジェクト（2013）『短時間勤務制度利用者の円滑なキャリア形成に関する提言〜短時間勤務制度の運用に関する実態調査』．(http://wlb.r.chuo-u.ac.jp/survey_results_j.html；2023年10月1日アクセス)

ワーク・ライフ・バランス＆多様性推進・研究プロジェクト（2016）『女性の活躍の場の拡大に貢献する人材育成やキャリア管理のあり方に関する提言—社員のキャリア管理のあり方に関する調査』（同上.)

ワーク・ライフ・バランス＆多様性推進・研究プロジェクト（2018a）『女性の活躍の場の拡大に貢献する人材育成やキャリア管理のあり方に関する提言【改訂版】』．(http://wlb.

r.chuo-u.ac.jp/survey_results_j.html；2023年10月1日アクセス）

ワーク・ライフ・バランス＆多様性推進・研究プロジェクト（2018b）『提言　女性部下の育成を担う管理職に関して企業に求められる対応』.（同上）

渡辺洋子・伊藤文・築比地真理・平田明裕（2021）「新しい生活の兆しとテレビ視聴の今—「国民生活時間調査・2020」の結果から」『放送研究と調査』71巻8号.

Greenhaus, J. H., & Beutell, N. J. (1985). Sources of conflict between work and family roles. Academy of management review, 10(1), pp. 76-88.

Greenhaus, J. H., & Powell, G. N. (2006). When work and family are allies: A theory of work-family enrichment. Academy of management review, 31(1), pp. 72-92.

Oswald, J., E. Proto, and D. Sgroi. (2015) Happiness and productivity. Journal of Labor Economics, 33(4), pp. 789-822.

第 **2** 章

仕事と子育ての両立に関する政策

　企業が実施する仕事と子育ての両立支援策は，法律が求める基準を満たすことが求められており，国の政策との関連性が深い。企業は政策の動向を踏まえて組織内の制度を検討することになるが，その際，人事戦略において両立支援策をどのように位置づけるのか，ということを明確にする必要がある。「子育て支援」であれば，子育てをしやすくするために制度を手厚くしていけばよいが，企業が行うのは「両立支援」である。「両立支援」は，仕事の責任遂行，育児責任を担う従業員の長期にわたるキャリア形成という側面も同時に視野に入れて施策を展開する必要があり，この基本をおさえないと，支援策の効果が期待できない。

　本章では，企業が仕事と子育ての両立支援を進める上で重要な役割を果たしてきた両立支援に関わる政策を取り上げる。国がこの問題を社会政策の中でどのように位置づけ，法整備等の施策を講じてきたのか，について検討することとしたい。

1 　仕事と子育ての両立支援政策

(1)　「両立支援」とは何か

　子育てをする親の就業支援のための政策を考えるとき，職場における「両立支援」と，地域における保育サービスの提供などの「子育て支援」の2つが大きな柱となる。企業において子育て責任を担う従業員に対する施策を考える上で重要なことは，「両立支援」と「子育て支援」は相互に重なる部分はあるが，

それぞれの意味する内容の違いを明確にするという点である。佐藤（2008）は，「企業が取り組むべきことは，社員に対する子育て支援ではなく，仕事と子育ての両立つまりWLB支援」（佐藤，2008，p.29）であると指摘する。両方を含めて「子育て支援」と称することも多いが，「子育て支援」の多様性ゆえに，そこから生じている混乱を問題提起する意見もある（萩原，2008）。

　「両立支援」は，組織で働く従業員が仕事の責任を果たしつつ子育て役割を担うことを可能にするという視点からみたときに，どのような支援のあり方が適切かというスタンスで取り組むことになる。「子育て支援」であれば，従業員が思う存分子育てできるような施策を充実していけばよい。長期にわたって利用できる育児休業や育児短時間勤務などは，子育てをしたいと考える従業員にとっては有効な支援策であり，従業員のニーズも高い施策である。しかし，子育てのための充実した施策は，職業キャリア形成という長期的な観点からみた場合に，問題になることが少なくない。従業員が長期的にキャリアを形成することを前提にして，子育て期の働き方を，どのように／どこまで支援するのが従業員にとって適切なのか，ということを施策展開の際には考えなくてはならない。同時に企業組織にとっても，経済活動を行う組織側の負担が過大になれば，持続的に施策を展開することは難しくなる点にも留意が必要である。

　OECD（2007）は，仕事と子育ての両立に関して，「親としての活動への支援（例えば時間に関する支援）」と「就業の支援（例えばフォーマルな保育支援）」の両面において障壁を減らす政策が重要であるとしている。ただし，親の就業などの活動への支援に加えて子どもの発達への支援という両方を目指す場合に，「政策の発展を複雑化するある種の緊張関係がありうる」として，次のような課題を提起している。

　　「たとえば，親休暇は，幼児がもっとも傷つきやすい時期にその面倒を見ることができるようにし，親たちの職業生涯を犠牲にしないで良質の子育てを促進する。しかし，親たちがあまりに長い期間休暇をとると，その人的資本は減少し，使用者が負担するコストが上昇し，親たちの職業生涯に大きな損害を発生させることがありうる。政策目標は，親たちがさまざ

まな目標のあいだの適切なメリット　デメリットの組み合わせを選択しう
るようなものにすべきであり，親が異なれば異なった選好をもつというこ
とを認識すべきである。」（OECD, 2007, p.14）

　現在，仕事と子育ての両立支援策は，企業にとって欠かせない施策といえる。
しかし，どのような施策をどの程度提供するのかという具体的な内容を詰めて
いくと，適切な内容を決定するのは難しい。必要な施策に関しては，まず最低
限の基準が労働基準法や育児・介護休業法などの法律により決められており，
それを上回る水準をどこまで自組織内で保障すべきかが問われることになる。
例えば育児休業制度は，単独で効果があがるわけではない。今田・池田
（2006）は，親族（親や夫）の支援や地域社会の支援（保育所利用）と育児休
業制度等の施策を組み合わせることで効果をあげられると指摘している。両立
支援策の展開にあたっては，それぞれの組織の事業の特徴や立地する地域の子
育て環境などを踏まえて，個々に決定されることになる。

(2)　国際的な議論

　仕事と子育ての両立支援政策は，OECD諸国に共通する重要政策である。欧
州では，1970年代頃から主に「家族政策（Family Friendly Policy）」という枠
組みで提示されてきた。一方，日本においては，1990年代以降の急激な少子化
傾向を受けた「少子化対策」の枠組みで提示されてきた側面が強い。先進国の
施策のタイプの基本は同じような内容であり，目的として，男女共同参画や子
育て期の労働者に限らない「すべての労働者のワーク・ライフ・バランス
（WLB）」「父親の子育て支援」等が複雑に絡んでいることも共通している。し
かし，各国の政策議論の背景にどのような社会的特徴があったのかが，政策
パッケージの内容に影響しており，日本の政策にも日本の特徴が表れていると
考えられる。政策の考え方を整理することにより，企業が進める仕事と子育て
の両立支援策の考え方についても整理すべき点があると考えられる。
　1970〜1980年代に，日本のみならず先進国に共通して共働き世帯の増加が進
み，もっぱら母親が子育てを担うというケースは少なくなっていった。1974年

に，スウェーデンが世界で最初に男女を対象とする育児休業法（親休業法）を制定し，それ以降，他の国でも男女共通の育児のための休業制度の導入が進むことになる。

　仕事と子育ての両立支援政策の中核となる育児休業制度の法制化の時期は，国によって大きく異なる。

　日本で育児休業法が施行されたのは，1992年である。しかし，例えばヨーロッパの中で対応が遅かったイギリスでは，52週間という長期の出産休暇（Maternity Leave）が働く女性の就業を支援してきたという経緯があり，育児休業に当たる「親休暇（Parental Leave）」が導入されたのは1999年である。また，アメリカでは，現在でも育児に特化した休業制度はなく，1993年の「家族・医療休暇法（Family and Medical Leave Act of 1993）」により12カ月間に合計12労働週の範囲で，育児，家族介護，病気，出産を理由にした無給の休暇を取得する権利を付与する仕組みがあり，その中で育児を理由にする休暇取得が認められているという状況にある。

　OECDは，2000年代前半に，先進国における仕事と家庭生活，特に仕事と子育ての両立促進のために『Babies and Bosses』というタイトルを掲げ，日本を含む13カ国の現状と政策に関する詳細な調査[1]を実施し，2005年時点の加盟30カ国の関連指標を提示しつつ，調査結果と提言を総合報告書として取りまとめた（OECD，2007）。調査実施の背景には，OECD加盟国に共通して，仕事と子育ての両立への困難が生じているという現状認識があった。それによって，「少なすぎる子どもの数，少なすぎる就業，ないしは不満足な職業生涯といった事態が同時に発生する可能性がある」（OECD，2007，p.12）としている。

　同報告書によれば，仕事と子育ての両立に関する政策目標として多くのOECD諸国に共通するのは，女性（特に母親）の労働力供給の増加，子どもの発達（子どもの貧困を減少させるための親たちの経済的自立促進を含む）の支援，ジェンダー公正の実現（父親が子どもと過ごす時間の増加を含む）とされている。また，家族政策の議論においては各国の出生率の動向に注意が払われており，少子化を意識している。ただし，日本と韓国を除く国々では，少子化対策を家族政策の目的とは考えられていないとしている。より重視するのは，

男女間の雇用格差が世帯内の子どもの存在と関連していること，したがって，労働市場における母親の地位向上が重要であること，という点である。

　この理由として，結婚や出産における自己決定は個人の権利であり，出生率の向上を目指す「少子化対策」を政策として打ち出すことは，この自己決定に国家が介入し，権利を侵害する可能性があるとみなされかねないということがあげられる。低出生率を課題として認識しながらも，「少子化対策（出生率の向上）」を政策目標として明示しないことで，「結婚や出産の自己決定」や「人権としてのジェンダー平等」を守ることが「少子化対策」に優先する，という政策の優先度を明確にしたと考えられる。結婚や出産の自己決定を重視する姿勢は，政策が「ライフスタイル選択に中立」であることを重視するという表現からも明らかである[2]。

　したがって，多くのOECD加盟国が政策のターゲットとしているのは，男女が希望する結婚・子育てをすることにより生じる阻害要因の除去であり，主に，結婚・出産・子育てに伴うコストの低減である。コストには，出産や子育てに直接かかる生活費や保育・教育費等のコストと，就労機会や昇格・昇進等キャリア形成機会の損失等の機会費用の両方が含まれる。特に，女性が子育てを理由に仕事を辞めることの機会費用は，子育ての直接的なコスト以上に大きなコストとして発生することになり，両立支援策は，就労機会等の損失を低減させる政策として重要になる。そのため，当初は女性の就業ニーズを実現するための政策に焦点があてられていたが，それだけでは不十分であることから，男性が子育てに関わることの重要性が強く認識されるようになってきている。

⑶　日本の状況

　OECD諸国に共通する仕事と子育ての両立に関する政策目標は，現在の日本でも同様に重視されているが，一方で，日本の子育てを取り巻く政策の展開には日本独自の特徴もある。

　1972年施行の「勤労婦人福祉法」の第1条に，「勤労婦人」の「職業生活と育児，家事その他の家族生活との調和の促進」がうたわれている。ただし当時は，固定的な性別役割分業社会を背景に，女性のみが対象となっていた。その

後，1986年に「男女雇用機会均等法」（均等法）が施行されたが，同法においても職業生活と家庭生活との調和を図る等の措置は，女性労働者のみを対象に規定された。

　1979年に国連総会で採択された「女子差別撤廃条約」[3]以後の対応として，1981年にILOは第156号条約「家族的責任を有する労働者条約」において家族的責任を男女に平等に求めた[4]のに対し，日本では，従来と変わらず女性を家族的責任の担い手とする前提に立った両立（調和）の推進を図るという点で政策が展開されていたといえる。

　欧米との違いが生まれた背景として，欧米では，1960〜1970年代の世界的な経済拡大とサービス産業化で労働需要が拡大し女性の就業が拡大したが，この時期に日本では自営セクターが縮小して雇用者が拡大するという状況になり，これによって性別役割分業の固定化が進み，「男性稼ぎ手モデル」が定着していったと考えられる。北欧・西欧諸国で男女平等を基礎に置いた家族政策がスタートした1970年代頃に，日本では，「高度経済成長という大きな社会変化の中で，サラリーマン家庭の増加に伴い，女性は『主婦化』し」（落合，1994，p.20）たことにより，男性が稼ぐという世帯モデルが一般に受け入れられていったのである。一方で1960〜1970年頃の日本は，自営業の割合が比較的高く，自営セクターは女性の就業が多かったことから，女性の労働力率は先進国の中でも比較的高い水準にあり，出生率も人口置換水準を超えていた。欧米諸国では，女性雇用者の増加が共働き家庭の拡大をもたらし，それを前提にして男女の仕事と子育ての両立を可能とする環境を整備する，という男女共同参画を基礎に置いた家族のあり方や働く環境整備の重要性に関する本格的な議論が起こったのに対して，日本ではこうした議論の方向にはなりにくい社会的状況にあった。

　その後も日本では，仕事と子育ての両立支援政策と密接に関連するのが家族のあり方や働き方である，といった課題が十分に整理されないままに，1990年代に急速に進んだ少子化への対策が優先課題となった。このため，家族や働き方をめぐる多様な課題を総合的に検討した上で，目指すべき社会像や必要となる政策パッケージを設定し，政策間の緊張関係やあるべき連続性・補完関係が

実現しているかなどを検討する政策の決定プロセスが不足したという問題が指摘できる。OECDが各国共通の認識として示した「親たちが望む選択肢」を与えるといった視点が日本ではしばしば見失われがちであり，その後の政策効果を考える上でいくつかの課題を残すことになったといえるだろう。

2　両立支援政策の背景と重点の変化

(1)　女性の就業支援策

　それでは，日本の仕事と子育ての両立支援政策はどのように展開されてきたのだろうか。**図表2-1**によりその変遷を概観しながら，政策の特徴と課題について考えたい。

　上述のように，1972年施行の「勤労婦人福祉法」では，勤労婦人が職業生活と家庭生活の調和を図ることが理念の1つに掲げられ，女性労働者に対して育児休業の実施やその他の育児に関する便宜供与を行うことを，事業主の努力義務と規定した。

　勤労婦人福祉法の規定は，1986年に施行された均等法においても引き継がれた。均等法の議論の過程では，「次代を担う健全な子供を育成するという責務は男女等しく負うべきものとの観点から，育児休業は男女にかかわらず取得できるようにすること」という検討課題も提起されていた[5]。多くの女性が妊娠・出産・育児を理由に離職する状況を憂慮し，子育て責任を社会化していくことを重視して，育児休業制度の法制化が議論されていたのである。それにもかかわらず，権利としての育児休業制度の法制化が見送られたのは，コスト増を危惧する使用者側の強い抵抗に加えて，当時の制度の普及率の低さという点も考慮された。仕事と子育ての両立支援策は，とりわけ女性の就業を支援するための「福祉＝コスト」として捉えられ，女性の能力を経営に活かす投資としては捉えられなかったのである。

図表2-1 仕事と子育ての両立支援に関する政策の変遷

年	内　容
1972	**勤労婦人福祉法施行**
	● 女性労働者に対する育児休業の実施等が事業主の努力義務
1986	**男女雇用機会均等法施行**
	● 勤労婦人福祉法の規定を引き継ぐ
1992	**育児休業法施行**
	● 男女を対象とする育児休業取得の権利確立
1995	**育児・介護休業法に改正**
	（介護休業制度の義務化は1999年）
	育児休業給付が創設（雇用保険法）
	● 給付率25%（休業中20%，復帰後5％）
2001	**育児休業給付　給付率を40%へ（休業中30%，復帰後10%）**
2002	**育児・介護休業法　改正法施行**
	● 時間外労働の制限創設（1カ月24時間，年間150時間）
	● 所定労働時間の短縮等の選択的措置義務を子が3歳までに延長
	「少子化対策プラスワン」の策定
	● 「男性を含めた働き方の見直し」など4つの柱を打ち出す
2005	**育児・介護休業法　改正法施行**
	● 就学前の子の看護休暇制度
	● 育児休業期間の延長（保育所に入れない等の場合に1歳6カ月まで延長可）
	次世代育成支援対策推進法施行（10年間の時限立法）
2007	**育児休業給付　給付率を50%へ（休業中30%，復帰後20%）**
	「WLB憲章」の策定
2010	**育児・介護休業法　改正法施行**
	● 子が3歳未満の短時間勤務制度の措置義務化
	● 「パパ・ママ育休プラス」の創設
2010	**育児休業給付　給付率を50%へ（休業中50%）**
2014	**育児休業給付　給付率を開始後6カ月は67%へ，その後は50%**
2015	**次世代育成支援対策推進法　さらに10年間延長**
2017	**育児・介護休業法　改正法施行**
	● マタハラ・パタハラの防止措置義務
	● 育児休業期間の再延長（保育所に入れない等の場合に2歳まで再延長可）
2022	**育児・介護休業法　改正法施行**
	● 出生時育児休業（産後パパ育休）など男性の取得促進策の実施

⑵　迫られる少子化への対応

　男女共通の育児休業制度の必要性の検討が行われながらも法制化への道のり
は遠かったが，これが大きく前進する契機となったのが，少子化への強い危機
感であった。1989年の合計特殊出生率が，丙午の1966年の1.58を下回るいわゆ
る「1.57ショック」となり，大きなインパクトを社会に与え，1990年代に仕事
と子育ての両立支援政策が大きく前進することになる。

　「1.57ショック」を受けて，1989年11月には参議院社会労働委員会に「育児
休業問題に関する小委員会」が設置されて男女共通の育児休業制度の議論を開
始し，1990年12月に政府で法制化への議論が始まる。1991年 3 月に建議がまと
められ， 5 月には「育児休業法」が成立するという異例ともいえるスピードで，
法整備が進んだ[6]。

　この育児休業法により，女性を対象に企業の努力義務とされてきた制度が，
男女共通に育児休業を取得できる権利を保障する制度としてスタートした。た
だし，少子化対策という政策枠組で制定が急がれた同法は，女性の就業継続を
支援するという考え方が強く反映されていた。「育児・介護休業法」[7]の目的
規定には，「子の養育又は家族の介護を行う労働者等の雇用の継続及び再就職
の促進を図り，もってこれらの者の職業生活と家庭生活との両立に寄与する」
と明記されている。出産・育児を理由にした離職や離職後の再就職というライ
フコース選択は男性では極めて少ないことから，男女共通の制度ではあるが，
主として女性の両立支援という観点が強かったといえよう。

　両立支援とともに重視されたのが，保育サービスの拡充である。「今後の子
育て支援のための施策の基本的方向について（エンゼルプラン）」（1994年），
「新エンゼルプラン」（1999年）により，低年齢児の保育所受入れ拡大や，延
長・休日・夜間保育など多様な需要に応える保育サービスの推進が盛り込まれ
た。

　1990年代は，女性の就業拡大と少子化が同時進行したことから，女性が働く
ことを出生率低下の原因とみなす意見も少なからず存在していた。こうした主
張に対する反証となったのが，内閣府男女共同参画会議「少子化と男女共同参

画に関する専門調査会」（2005）における国際比較研究である。

　図表2-2は，OECD加盟24カ国における女性労働力率と合計特殊出生率との相関関係を，1970年，1985年，2000年の3つの時点で分析したものである。多くの先進国では，1970年代から1980年代にかけて，女性の労働力率の上昇と出生率の低下が同時に起こった。産業構造や職業構造の変化とともに女性の職場進出が進み，女性の高学歴化とあいまって職場における女性の地位が上昇し，高い所得を得る女性が増えた。女性の所得が増えると，出産・子育てのために仕事を辞めることにより失うコスト（機会費用）は大きくなる。出産や子育てと仕事の両立が難しい状況下で，仕事か子育てかという二者択一の状況に直面した女性が就業を選択することで，出生率が低下するというように，1970年には，2つの指標は負の相関関係を示していた。

　しかし，先進国の中でも北欧諸国においては，1970年代という早い時期に，家族政策として家族的責任と仕事の両立のための休業制度や保育サービスの充実化を進め，1980年代半ばにその効果がみられるようになる。**図表2-2**の

図表2-2 **女性労働力率（15〜64歳）と合計特殊出生率の関連についての国際比較：1970，1985，2000年**

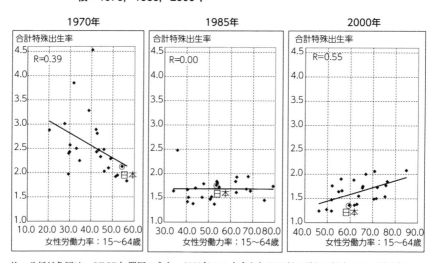

注：分析対象国は，OECD加盟国のうち，2000年の1人当たりGDPが1万ドル以上の24カ国である
出所：内閣府男女共同参画会議・少子化と男女共同参画に関する専門調査会（2005）

1985年のデータでは，両者の関係がフラットになり，さらに2000年になると，女性労働力率の高い国のほうが出生率も高いという関係に転じた。つまり，女性の就業拡大に対応した家族政策を実施した国々では，1980年代半ば以降，女性労働力を増加させながら出生率が下げ止まり上昇傾向に転ずるという形で，政策の効果が出始めた。仕事と子育ての両立を可能にする職場環境が，有配偶女性の就業継続を可能にして出産・育児による機会費用を減少させ，出生率にポジティブな効果をもたらすことも明らかになっている（樋口・阿部，1999）。

　これらの国際比較において日本は，中長期的にみれば女性の労働参加があまり上がらずに出生率のみが低下してきた国に位置づけられた。そして，女性労働力率と合計特殊出生率の両方が高い国と比べた日本の特徴として，働き方に起因する仕事と生活の両立可能性が低いこと，地域における子育て支援や子育てのコスト軽減策などの子育て支援が不十分であること，家庭内の性別役割分担や雇用の分野における男女間格差の存在などジェンダー構造が根強いこと，ライフスタイル選択の多様性が確保されていないこと，といった課題が明らかになった（**図表2-3**）。

　OECD諸国の女性労働力率と出生率の関係について計量的な分析を行った山口（2009）は，日本の少子化傾向は仕事と家庭の両立度の低さに原因があること，特に仕事と育児の両立以上にフレックスタイムや短時間勤務などの「職の柔軟性」が重要であることを明らかにしている。

　西欧諸国において，仕事と子育ての両立支援は，女性の就業のみならず出生率にもプラスの影響をもたらすことが明らかになり，日本においても両立支援政策の重要度が強く認識されることとなった。

38

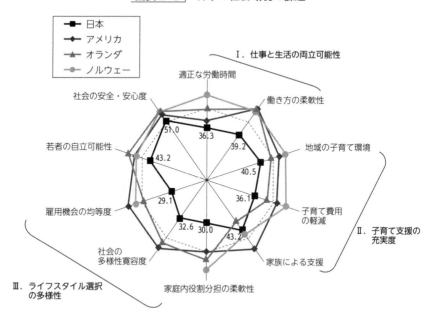

図表2-3 日本の社会環境の課題

注1：数値は，日本のスコア
注2：ノルウェーは「社会の多様性寛容度」に関するデータが取れていない
注3：10の指標は，複数の項目を組み合わせた合成指標であり，対象国の平均が50となるように標準
　　　化したデータである
出所：内閣府男女共同参画会議・少子化と男女共同参画に関する専門調査会（2005）をもとに作成

⑶　両立支援政策の限界

　女性の就業継続を図ることを目的にした育児休業制度の法制化は，確かに一定の成果をもたらした。法施行後の1990年代の研究において，樋口（1994），森田・金子（1998），滋野・大日（1998）などが制度のプラスの影響を明らかにしている。

　しかし，法施行後も育児期の女性の就業率が顕著に高まったとはいえず，出産や育児を理由に離職する女性は依然として高水準であった。女性の育児休業制度の取得率は7〜8割と高水準であるが，これは，出産時に就業している女性を母数にした比率であり，出産前に多くの女性が離職をしている実態がある

ために，この取得率は現状を反映しているとは言い難い。女性の，妊娠・出産時の離職率の高さは長い間問題となってきた。

　両立支援策の充実化が進みながらも女性の就業継続が進まない社会的な背景として，女性の非正規化が進んだこと，とりわけ若年女性の非正規化が顕著に進んだという労働市場全体の構造的な問題があげられる。両立支援政策は，出産，育児期の継続就業型のキャリアを支援する政策であり，有期雇用の労働者に政策の効果が及びにくいという状況があった。もちろん，有期雇用の労働者を一律に政策が排除していたわけではなく，一定の条件を満たせば制度利用が可能であった。しかし実際には，多くの有期雇用の労働者は制度を利用せずに離職をする傾向がみられていた。

　同時に，両立支援制度利用の権利がある労働者でも，利用が増えなかった理由として，仕事と子育ての両立を必ずしも肯定的に受け止めない職場の状況があったという点を指摘できる。制度利用者に対して低い人事評価がなされたり，制度利用者の周囲の負担が増えたりなど，制度運用上の課題があった。

　そこで1990年代の終わりになると，厚生労働省が，社会全体として仕事と子育てを支援することへの機運醸成のために「家庭にやさしい企業（ファミリー・フレンドリー企業）」の奨励政策を開始する。この背景としては，少子化傾向の改善がみられず，将来の労働力不足に対する懸念が高まったという面があった。2000年頃から両立支援制度の趣旨や内容の周知，職場の上司や同僚に対する意識啓発などを進めたことにより，制度利用への心理的な障壁は徐々に取り除かれ，女性が仕事と子育ての両立支援制度を利用することに対するネガティブな意見は少なくなり，女性の制度利用が徐々に増えるようになる。それでも，妊娠・出産後も就業継続する女性が格段に増えるという状況には至らなかった。

　妊娠・出産後の女性の就業継続率の低迷には，2つの構造的な問題が関連していたといえる。

　1つは，両立支援策により出産時や子が3歳までの育児期の就業継続は可能になっても，その後に続く長期の子育てを乗り越えられるのか，という問題である。これは，後述するワーク・ライフ・バランス（WLB）の議論へと発展

する。仕事と子育ての両立支援は，それだけが単独で機能するわけではない。

　もう１つの問題は，制度利用に対するスティグマ（偏見）の存在である。両立支援制度の利用は，長期の休業や勤務時間の短縮など，働き方の変化を伴う。このとき，子育てをしていない従業員の働き方のスタンダードが制度利用者とかけ離れたものであると，制度利用によるマイナスの影響が生じやすい。

　このような問題が生じる背景には，「両立支援政策」をなぜ実施するのか，ということについての理念が明確になっていなかったという問題があったのではないだろうか。「子育て支援」という視点でこの間の政策課題を整理した汐見（2008）は，エンゼルプランをはじめとする諸文書に，子育て支援という取組みがわが国の子育て環境を支える考え方や思想を変えるものであることが明記されていないために，保育の現場に混乱をもたらす事態につながったとして，子育て支援社会の基礎の１つに「男女共同参画社会」という原理を明確にする必要があったとの課題を提起している。この「理念の欠如」に関しては，ジェンダー政策の観点からも批判があり，少子化対策として行われてきた育児支援に関する政策は状況依存的であり，育児政策への一貫した理念を見出しにくいことを舩橋（2006）は指摘している。

⑷　男性の働き方への問題提起

　以上述べてきたように，少子化が継続していくことへの危機感から1990年代に子育て支援のための政策が展開されたが，政策効果は期待したようには表れなかった。この事態を深刻に受け止めて2002年に出された「少子化対策プラスワン」は，少子化対策の転機となった。従来，少子化の主たる要因とされた晩婚化に加えて，「夫婦の出生力そのものの低下」という現象がみられたことを受け，「男性を含めた働き方の見直し」を入れた４つの柱が打ち出された（**図表2-4**）。両立支援政策において，男性の働き方に対する明確な問題意識が提示されたのである。

　「少子化対策プラスワン」の「男性を含めた働き方の見直し」においては，「子育て期間における残業時間の縮減」「子どもが生まれたら父親誰もが最低５日間の休暇の取得」「短時間正社員制度の普及」の３つの施策が掲げられ，男

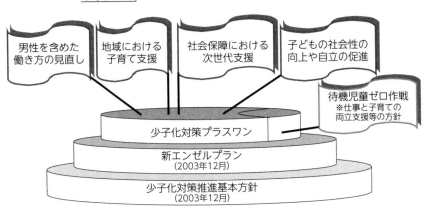

図表2-4 少子化対策プラスワンにおける4つの柱

出所：厚生労働省（2002）「少子化対策プラスワン」

性の育児休業取得率の数値目標（10％）が示された。具体的な施策において，子育て期に限定した働き方の見直しという点に課題が残るものの，働き方そのものへの課題が提起された意義は大きい。

　この少子化対策プラスワンが，ただちに働き方の見直しや男性の仕事と子育ての両立支援に成果をあげたわけではないが，企業が主体的に育児休業制度の普及・取得促進等を進めるための具体的施策を示したという点に意義がある。経済産業省，厚生労働省等関係省庁による経済界への要請に始まり，企業の「仕事と家庭の両立のしやすさ」を示す指標の作成，指標を活用した家庭にやさしい企業（ファミリー・フレンドリー企業）の普及促進，特に優良な企業の取組みの公表・表彰，両立支援と企業業績との関係に関する実証的研究[8]，ビジネスモデルの開発の推進などが提示されている。企業の主体的な取組みを促すという流れは，2005年の「次世代育成支援対策推進法」（次世代法）の施行につながる動きとなる。

　また，子育て期の男性の意識についても注目されるようになった。特に，子育て期の働き方の「希望」と「現実」のギャップは，母親だけでなく男性でも大きいこと，男性は仕事優先の現状に不満があり両立を希望する割合は女性と変わらないこと，が確認された（詳細は本書第5章）。個人の希望が実現され

ていない状況を解消するための政策発動，という欧米諸国に共通する両立支援政策の方向性が示されるようになる。

⑸　ワーク・ライフ・バランス，働き方改革

　こうした議論の流れの中で，2000年代以降，「ファミリー・フレンドリー施策」，すなわち，仕事と家庭，その中でも子育てや介護に限定した両立支援策から，施策対象の射程を拡げたWLB政策が展開されるようになる。労働政策においては，労働時間のあり方や，正規-非正規の処遇問題，在宅勤務制度など，WLBを実現するための政策の検討が行われた[9]。労働時間の改善に関しては，1992年制定の「時短促進法[10]」，同法を改正して2006年から施行された「労働時間等設定改善法[11]」において一部実現するが，働き方を大きく変えるまでには至らなかった。

　またこの時期には，男女共同参画，少子化対策という観点からもWLB政策が重視されるようになる。経済財政諮問会議労働市場改革専門調査会は，2007年4月の第一次報告書において「働き方を変える，日本を変える」として，目指すべき10年後の労働市場の姿を実現する上で，「働き手が，多様で公正な働き方の選択肢から，ライフスタイル，ライフサイクルにあわせて選択できるようになること」が重要であるとした。

　これを受けて，2007年12月に，政労使の合意により「仕事と生活の調和（ワーク・ライフ・バランス）憲章」「仕事と生活の調和推進のための行動指針」が策定される。憲章については後述するが，政府の動きを受け，働く場においても大企業を中心に，これまでの「仕事と家庭（子育て・介護等）の両立支援」を「WLB」という枠組みに置き換え，推進体制や推進担当者を置いて，施策を展開する動きが出てきた。WLBという概念が提示されたことにより，女性や子育て層に限らず「すべての労働者の働き方の見直し」という考え方や取組みの重要性が強調されることになる。

　WLBの実現で特に問題になったのが，わが国の恒常的な長時間労働の広がり，有給休暇取得率の低さ，さらに柔軟性の低い勤務体制といった，働き方全般への課題認識である。子育てとの両立を図ろうとしても，普通に働いている

とそれは困難である。両立を図ろうとすれば手厚い制度が必要になるが，制度を利用し続けるとキャリアに影響が出るというジレンマに陥る。そのために，働き方を見直し，働く人のWLBを実現できるようにすることが急務の課題となった。ここで，WLBの議論において，仕事と子育ての両立がどのように位置づけられるのかを確認しておきたい。

　第一に，子育ては女性だけが担うべきものではなく，男女双方が責任を持ち，また子育ての喜びを分かち合う，というように，男女共通の役割である，ということを明確にした。家庭生活にコミットしたいのにできない父親が予想外に多いという事実発見により，仕事と子育てを両立できる働き方は，男女共通の課題として位置づけられた。同時に，制度利用が女性に偏在することにより，女性の能力の発揮・向上が難しくなるという点も問題であった。従来，主に女性の問題として議論されてきた仕事と子育ての両立支援策が，男女共通のテーマとして政策や企業の人事管理に位置づけられた意義は大きい。

　第二に，子育てというライフイベント以外に働き方を変える必要性はいつでも生じうるということである。WLBのライフには，個人の健康維持のための活動や趣味や余暇なども含まれる。子育てを様々なライフイベントの1つとして特別なものと位置づけない，という点が強調され，様々なライフイベントに対応できる働き方の基礎を見直すことが重要となった。仕事と子育ての両立支援策を子どものいる人のための施策と矮小化してしまうと，結果として制度を利用しにくいということになりかねない。仕事と生活のバランスを図るための施策を進めながら，「子育て」も「ライフ＝生活」の一部として，それが無理なくできるような環境整備を進めるというスタンスで取り組むという考え方の定着を進めることになる。

　第三に，WLBの「バランス」の多様性を認めるという点で，ダイバーシティ経営の議論にも発展する要素があった。子育ての場面を切り取っても，子育てをサポートしてくれる親族の状況，保育サービスの利用可能性，子どもの状況などにより両立支援策へのニーズは多様である。子育てのステレオタイプをあてはめるのではなく，個々の多様性を理解する必要性があるという点は，特に子育て責任を担う傾向が強い女性の長期的なキャリアを見通す上で重要なポイ

ントである。

　育児休業政策を中心とする両立支援政策の問題は，ともするとそれが「女性対策」，さらにいえば「小さな子どもを持つ女性のための施策」と同義に捉えられがちだったことにあった。そのため，例えば，女性の能力発揮の必要性を感じない企業にとっては，両立支援策の意義はないと考えられてしまっていた。同時に，施策を利用する大多数が女性であるために，女性の雇用コストが男性に比べて相対的に高いとみなされてしまうという点も問題であった。子育てのための休業制度や勤務時間短縮等の措置を女性だけが利用していると，女性は男性に比べて割高な労働力となってしまい，事業主が女性雇用を忌避することになってしまいかねない。さらに，女性の子育て責任に配慮して，残業や転勤を免除する代わりに，昇進や昇給面で制約を設けるということも起こりがちである。働く母親には他の従業員とは別のキャリアの路線を提供する，いわゆる「マミートラック」化が進んでしまうと，仕事と子育ての両立が可能になったとしても，それは働く人のニーズとは齟齬をきたすことになる。

　そのため，「両立支援」ということとは一見矛盾するようだが，働き方において「育児」を聖域化しないことが重要となる。従業員の育児期に限定した支援策は，職場の中の周囲の従業員への負担が増えることにより従業員間の対立構造を生みかねない。子育てを含めた「ライフ」と仕事のバランスの重要性を訴求することで，WLBの実現が働く人に共通のテーマとして受け止められることになる。仕事と子育ての両立支援を円滑に進める上で，男性の働き方（長時間労働，頻繁な転勤の発生など）の見直しを含む「WLB」の実現を視野に入れることは不可欠だったといえる。

　WLBを進める中でクローズアップされた課題が，恒常的な長時間労働に代表される働き方の問題である。長時間労働で結婚もできない，子育てをする時間がない，というような深刻な事態を重く受け止め，「働き方改革」が進められる。その結果として，2019年4月から「働き方改革関連法」を順次施行させ，企業における長時間労働の是正と多様な働き方の実現を強力に推進することとなる。それまでは，企業における「仕事と子育ての両立」関連の取組みは，育児・介護休業法の遵守と次世代法に基づく自主的な取組みが中心であったが，

「時間外労働の上限規制」や「年5日の年次有給休暇の確実な取得」などにより，働き方そのものを見直すということが注目されるようになる。

　働き方改革では，2020年の新型コロナ感染対策としてテレワークが広がり，働く場所の柔軟化の可能性も確認された[12]。

⑹　ダイバーシティ経営とワーク・ライフ・バランス

　この間の議論を振り返ると，企業が両立支援策やWLBのための施策を展開する上で，なぜそれが必要なのか，ということに関しての共有化が難しかったと考えられる。少子化対策，女性の就業継続支援，ということは社会政策として進めることには何ら問題はないが，それを企業が人事政策として進めるのはなぜなのか，ということについて経営者や人事担当者が十分納得していたかどうかは疑問である。もちろん，子育てをするために働き方に制約が生じる従業員が能力を発揮できないでいる状況を改善することは，組織にとってメリットはあるが，一定のコストを支払っても推進すべき施策であるとの共通認識が得られていたかといえば，そうとは限らなかっただろう。

　武石（2002）は，仕事と子育ての両立支援ニーズの多様性に注目し，その多様性に対応する雇用システムの重要性を指摘している。そして，当時の日本アイ・ビー・エムで「ワークフォース・ダイバーシティ」として取り組んでいたダイバーシティ経営の中で，多様な働き方が積極的に位置づけられる経営の方向性を示唆した。2000年以降一部の外資系企業で推進され始めていたダイバーシティ経営は，2010年以降，日本企業にも広がっていく。ダイバーシティ経営を経営戦略に位置づける企業では，多様な人材を確保し能力発揮を進めるための基本的な条件整備として，両立支援策やWLB関連施策の重要性への理解が浸透していった。働き方に制約がある従業員に光を当てなかったことにより，職場の同質化が進んで斬新な発想やアイデアが出なくなっていくことへの経営の強い危機感が，多様な人材の受け皿を整備する役割を担う施策対応を促すことになる[13]。

3 両立支援政策の概要

⑴ 両立支援政策

　前節で概観したように，仕事と子育ての両立支援政策の重点やその考え方は変化してきている。以下では，1992年の育児休業法の施行に始まる両立支援のための労働政策として，育児・介護休業法，ワーク・ライフ・バランス憲章，次世代法を取り上げ，その目的や内容のポイントを概観したい（政策の変遷は**図表2-1**参照）。また，育児休業と補完的な役割を担う保育政策の現状についても触れておきたい。

⑵ 育児・介護休業法

　繰り返し述べてきたように，1992年に施行された育児休業法により，一定の条件を満たす男女共通の育児休業取得の権利が確立するとともに，その後の法改正により，短時間勤務制度など育児期の働き方の選択肢が拡大されてきた。法の成立にあたっては少子化傾向への強い懸念があったことを指摘したが，その後も1990年代を通じて出生率の低下は続き，2000年の合計特殊出生率が1.36まで下がるなど，少子化への継続的な対応を迫られたこともあり，両立支援策のギアを一段階引き上げることが必要になっていた。また，出産後も就業継続をする女性が増えてくると，就業継続後の能力発揮の問題がクローズアップされることになる。2010年代には，女性活躍推進政策が政府の成長戦略の重要課題に位置づけられ，両立支援策と女性の能力発揮策のバランスが重要になった。

　こうした社会背景を踏まえて改正が繰り返されてきたのが，育児・介護休業法（以下，本章では単に「法」）である。同法における仕事と子育ての両立支援策のポイントを以下で整理するが，概要を**図表2-5**に示した。

図表2-5　出産から育児期の両立支援等の法律

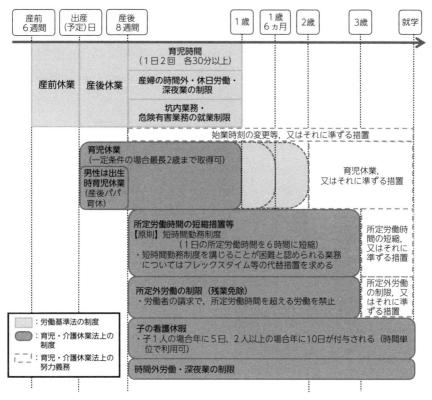

出所：厚生労働省 今後の仕事と育児・介護の両立支援に関する研究会（2023）の参考資料集より簡略化して掲載

a.育児休業制度

　まず，女性の出産・育児によるやむを得ない離職の防止ということを重視し，男女が育児に関わりながら仕事の責任を果たすことができるようにする権利を保障した点が法律の中核となる。一定の条件を満たす労働者は，「養育する1歳に満たない子について，その事業主に申し出ることにより，育児休業をすることができ」（法5条），「事業主は，労働者からの育児休業申出があったときは，当該育児休業申出を拒むことができない」（法6条）と規定した。

　ただし，期間設定には2つのオプションがある。まず1つ目のオプションが，

子が1歳に達した時点，さらに1歳6カ月の時点で，保育所を希望しながら入所できないなど一定の理由があれば，育児休業を延長できる制度改正が行われてきており，条件付きではあるが最長で子が2歳まで育児休業が取得できる仕組みとなっている。期間延長は，保育サービスの提供が不十分で待機児童が増えたことに対する緊急対応策であった。もう1つのオプションが「パパ・ママ育休プラス」であり，これについては後述する。

b.子育て期の柔軟な働き方

育児休業制度は，原則として子が1歳に達するまで親が育児に専念するための制度となるが，育児休業からの復帰後にすぐにフルタイムで働くことは難しい。保育所を利用して働けば，子どもの送迎をする必要があり，出産前のような働き方ができないというケースが多い。そのために，子が3歳までの短時間勤務制度の措置義務化や労働者の請求による所定外労働の制限の義務化等，働き方を変えて育児を行うための支援制度がある。特に短時間勤務制度は，労働者のニーズが高い制度であり，法定を上回る期間の取得が可能な制度を導入する企業も増えるなど，制度の充実化が進んでいる。また，子が3歳までの支援としてテレワークの努力義務化や，子が3歳以降小学校就学前までの支援拡充が見込まれる[14]。短時間勤務制度の効果は，本書の第3章で掘り下げている。

また，小さな子どもがいると病気の看護等が必要なケースが多く，親が付き添わなくてはならない事態が発生する。このため，小学校就学前の子の病気やけがの看護，健康診断受診等の看護休暇も，子1人の場合は年間5日（2人以上は10日）が制度化されている。

c.男性を意識した制度化

育児休業制度で重要なポイントが，男性の取得率を高めるための制度化である。育児休業制度は，男女双方に対して休業取得等の制度利用は同じ権利として付与しているが，現実には男性の利用が極めて低調である。男性の育児休業の取得が低調であるという問題については，本書の第4章で詳述するが，女性が子育ての責任のかなりの部分を担っている現状を放置していると，もう1つ

の政策課題である女性活躍推進が進まないという問題があり，男性の子育てへの関与を高めることは，仕事と子育ての両立支援政策における長年の課題であった。男性の制度利用が低いというのは日本だけの状況ではなく，わが国よりも早く制度導入を実施した国でも，男性の取得促進に関して様々な対応が行われてきた。そうした制度を参考にして，日本では以下が制度化されてきた。

　第一に，日本の育児休業制度は子どもの年齢が1歳に達するまでという制度になっているが，父親と母親の両方が休業を取得すればプラス2カ月が付与される「パパ・ママ育休プラス」の制度が2009年の法改正で創設された。現状では，母親が長期の育児休業を取得するのが一般的であることから，この制度は，実質的には父親が育児休業を取得すると2カ月取得期間が延びる，というメリットがある。しかし，この制度の認知度は低く，利用者も少ない現状がある。

　第二に，産後8週間の取扱いである。つまり，産後8週間は母親である女性は産後休業であり，この期間に育児休業を取得するのは父親のみとなる。そこで，2021年に成立した改正法により，母親の産後休業の期間である生後8週間を「産後パパ育休」として，母親の産後休業期間における父親の育児休業取得のための制度対応が行われた。具体的には，父親が子の出生後8週間以内に4週間まで取得することができる育児休業として，従来よりも柔軟性を高めて取得しやすくするために，以下の制度化が行われた。

①　休業の申出期限を休業の1カ月前ではなく2週間前までとする
②　2回の分割が可能である
③　労使協定を締結している場合に，労働者と事業主の個別合意により，事前に調整した上で休業中に就業することを可能とする

　第三に，育児休業を取得したいと考える男性への対応である。男性の育児休業取得が低調な背景には，男性が制度利用の申出を躊躇するような職場の状況がある。このため，2021年に成立した改正法により，育児休業を取得しやすい雇用環境整備や配偶者の妊娠・出産の申出をした労働者に対する制度の個別周知および意向確認の措置を事業主に義務づけることになった。

　第四に，休業中の所得保障の充実化の動きである。育児休業法が施行された

1992年には休業中の所得保障はなく，社会保険の負担をするために実質的に収入がマイナスになるという点が問題であった。この問題に対して，1995年に育児休業給付の仕組みが雇用保険において創設され，当初の休業前所得の25％（休業中20％，復帰後5％）という水準から順次引き上げが行われてきた。2014年に，休業開始後6カ月は67％，その後50％という水準となり，この67％という水準への引き上げは，男性の取得促進を意識したものである。さらに，両親がともに育児休業を14日以上取得すれば，28日間を限度に給付を80％として，実質的に収入が下がらない給付水準とすることが見込まれている[15]。

⑶　ワーク・ライフ・バランス憲章

　子育てだけを切り取って政策を展開しても政策効果があがらなかった1990年代の反省に立ち，仕事と生活の調和という広い視点で子育ての問題に対処することが重要と考えられるようになり，2000年以降，仕事と子育ての両立支援を含むWLB政策が重視されてきた。2007年12月に，政労使の合意により「仕事と生活の調和（ワーク・ライフ・バランス）憲章」「仕事と生活の調和推進のための行動指針」が策定された。

　憲章では，仕事と生活の調和が実現した社会を「国民一人ひとりがやりがいや充実感を感じながら働き，仕事上の責任を果たすとともに，家庭や地域生活などにおいても，子育て期，中高年期といった人生の各段階に応じて多様な生き方が選択・実現できる社会」とし，目指すべき社会の具体的な姿として以下の3点が掲げられている。

　　①　就労による経済的自立が可能な社会
　　②　健康で豊かな生活のための時間が確保できる社会
　　③　多様な働き方・生き方が選択できる社会

　いずれも仕事と子育ての両立のための基盤となる考え方であり，こうした社会実現に向けた労使の取組みを促し，そのために国などの公的な機関が支援することを明確にした。

　憲章で示された方向性の進捗状況を点検・評価するために，「行動指針」が

策定され，13指標の数値目標が設定されている。数値目標には，「第1子出産前後の女性の継続就業率」「男性の育児休業取得率」なども含まれており，仕事と生活の調和連携推進・評価部会による点検が実施されてきた。

⑷　次世代育成支援対策推進法

　2005年に施行された次世代法は，次代の社会を担う子どもが健やかに生まれ，育成される環境を整備することを目的とし，具体的には事業主に仕事と家庭の両立支援策の整備を求めるために，10年間の時限立法で施行され，2015年にはさらに10年間の延長が行われた。育児・介護休業法が事業主に一定の制度導入を義務づけているのに対して，同法は事業主の自主的な取組みを促す「ソフト・ロー」という位置づけになる。

　同法は，事業主に仕事と子育ての両立支援の環境整備等に関する行動計画の策定，届出，公表等を求めるというもので，従業員規模101人以上の民間企業および国の各府省や地方公共団体についてはこれらを義務づけ，100人以下の企業は努力義務としている。行動計画を実行し，計画の達成状況を踏まえて次の計画を策定し実行する，というPDCAを回していくことを企業に求める政策である。また，一定の基準を満たした企業を国が認定する仕組みがある。

　行動計画や取組み状況の結果としての女性の就業継続や制度取得の状況を公表しなければならないこと，また認定というインセンティブにより，企業の自主的な取組みを促す仕組みとして一定の効果をあげてきている。特に，認定の要件として男性の育児休業取得率が一定水準以上であることが求められていることから，男性の育児休業取得の気運醸成につながったという効果が指摘できる。

⑸　保育サービス

　前述したように，1990年代以降の少子化対策において，両立支援政策と保育政策は相互の政策の展開を意識しながら政策決定がなされてきた。例えば，育児休業制度と保育サービスは不可分の政策であり，スウェーデンでは，子が1歳までは休業制度，1歳以降は保育サービスという形で政策の連携が意識され

ている。わが国でも，保育所の入所ができずに待機児童が増加したことを受け，育児休業の取得期間を延長した制度改正が行われたのは1つの象徴的な対応といえる。育児休業からの復帰後の保育の受け皿が保障されなければ，働く親，多くは母親の就業継続が困難となる。

1990年代以降の保育サービスのあり方については，1994年の「今後の子育て支援のための施策の基本的方向について（エンゼルプラン）」で議論が開始された。ここで保育環境の整備についての方向性が示され，その後5年ごとにプランが見直されていく。

2015年4月からスタートした「子ども・子育て支援新制度」により，保育サービスのあり方についての一定の方向性が示された。国と地方公共団体との役割が明確に分けられ，消費税等を財源とした給付は国から行われるが，子育て家庭への保育を含む多様な支援は，地域の実情に応じて地方公共団体ごとに計画し，推進することとなった。2016年度からは，企業主導型保育事業（企業が助成金を受け，従業員のための保育施設を設置・運営）もスタートした。

日本の保育サービスに関しては，待機児童の多さに象徴される量的不足，延長保育や休日保育，病気の時の対応などの質的な問題，この両面から課題が指摘されてきた。特に，延長保育のニーズの背景には恒常的な長時間労働が，病児保育のニーズの背景には休暇が取りにくい職場状況が，それぞれ関連しているというように，働き方の問題が過大・多様な保育ニーズを生んでいるという問題もある。

また，とりわけ都市部を中心に，多くの待機児童の存在が問題となってきた。前述した育児休業期間の延長の措置は，保育所の不足に対応した緊急避難的な対応であるが，保育サービスの不足を休業制度で補完するということについては，制度利用が女性に偏在していることや長期休業が職業キャリアに及ぼす影響などの観点から慎重に検討すべきであり，緊急措置的な延長の仕組みを原則に戻すことが必要になろう。

地域の保育所がその需要に十分応えられていないという現状から，育児休業期間が終了しても職場復帰が難しいケースもあり，企業が事業所内保育所を設置して対応するといった動きもみられている。休業を一定期間で切り上げて職

場復帰してほしいと考える経営サイドのニーズから，コストを負担しても従業員のための保育所を設置しようとするものである。

　地域の子育て支援と企業の両立支援が，両者の適切な分担により家庭の子育てを実質的にサポートする仕組みとなるためには課題が残っている（詳細は本書第 6 章）。

4　両立支援政策の課題

　仕事と子育ての両立支援政策は，少子化対策，WLBの実現，女性活躍推進，といった政策課題において重要な政策として位置づけられ，内容も変化してきた。企業組織においては，国の両立支援政策に対応した制度設計を行うことが求められることから，その観点から政策展開の課題について，以下の 4 点を指摘したい。

　第一に，両立支援政策の目的に関する課題である。仕事と子育ての両立支援に関する政策は，わが国では「顕著な少子化傾向」という社会的課題と密接に関連して展開されてきた。しかし，政策を企業の施策に落とし込む場合に，少子化対策と人事施策の間には距離がある。1990年代の両立支援のための施策は，国の少子化対策に協力するという受け止めがみられた。そのため，子育てする従業員に配慮して守る，という姿勢で対応する傾向があった。他方で，少子化はわが社には関係ないこと，と法で求められる最低限の仕組みを形式的に整備するという企業もあった。企業経営にとって両立支援策がどのような意味があるのか，ということが両立支援政策において明確にされていたのか，という点は課題である。人口減による労働力の確保難という課題に直面して，あるいは経営環境の急速な変化に対応するためのダイバーシティ経営という戦略において，両立支援策の経営的な意義が明確になったことで，施策が実質的に活用されるようになってきたといえるだろう。

　第二に，政策のジェンダー平等性の観点からみた課題である。仕事と子育てを含む両立支援は，子育て責任を男女共通の課題として明確に位置づけて政策展開が進められてきた欧州諸国と比べると，日本では女性に対する施策という

意味合いを色濃く残しつつ政策が展開されてきた。近年になって男性の育児や介護の問題が重視されてはいるものの，実態として家族的責任が女性に大きく偏在しているのが日本の特徴である。女性の就業継続支援，少子化対策という形で対応してきた両立支援政策は，働き手を送り出す「家族」という視点が希薄だったのかもしれない。家庭内の男女平等は，労働政策だけでなく，社会保障や税制，民法なども深く関連するものであり，家族や世帯の形というものを政策の中でどのように位置づけるのか，という点において日本の政策は現状では中途半端だといわざるを得ない。

　第三に，育児休業制度などの制度内容の課題がある。労働政策研究・研修機構（2012）では，WLBの観点から，ドイツ，フランス，イギリス，アメリカの欧米4カ国と日本の政策を比較検討しているが，その中の重要な政策が仕事と子育ての調和のための政策である。ここで日本の特徴として，育児休業制度の「硬い制度」という側面が指摘されている。日本の制度は，休業取得に関して取得条件を満たす労働者の申出に対して使用者は拒否できない制度となっているが，比較対象国では労働者に与えられているのは「申請する権利」であり，申請した労働者と使用者がコミュニケーションを通じて労使双方が納得する形でWLBを図っていると考えられるとしている。日本では，取得のプロセスにおいてこのコミュニケーションが軽視されがちであり，子育て事情の多様性にきめ細かい対応ができていないのではないかという疑問が提示される。企業の制度においては，法律の改正に合わせて法を上回る制度化を進めるケースが増え，充実した制度内容となっている企業も多い。そのこと自体は歓迎されるものであるが，制度利用が子育てに柔軟に対応できるものになっているか，といった点からの点検が必要になるだろう。企業の施策が「硬い制度」になって使い勝手が悪くなっていないか，という点を指摘したい。

　第四に，企業における施策の展開に関連する課題である。仕事と子育ての両立支援策は，女性のキャリア継続や長期的な能力開発・発揮と表裏一体となって展開されるべきであり，両立支援策が女性の能力発揮を阻害することにならないことに常に留意する必要があるという点があげられる。両立支援策の「支援」のみに注目すると制度充実という方向になるが，制度利用は一方で職業

キャリア形成にネガティブな影響を及ぼすことがあり[16]，両者のバランスを考えなくてはいけない。企業においては，女性活躍推進，少子化対策といった目の前の課題に対処してきたために，全体としてのバランスを欠く制度も多い。具体的には，子育てとの両立支援策の充実化を進めた後に働き方改革を進めたために，現時点では効果が感じられない両立支援策なども出てきている。いったん導入した制度を廃止することは難しく，両立支援策の決定において人事管理の全体の中での位置づけを検討することが求められる。厚生労働省・今後の仕事と育児・介護の両立支援に関する研究会（2023）において，残業のない働き方をあるべき方向として見据え，男女が子育てにともに関わることを前提に，両立支援制度の利用について働く人が自身のキャリア形成の希望を実現できるように選択できる仕組みとすべきということが明確に指摘されている。企業においては，これを実現する仕組み化という点からの制度対応が求められる。

POINTS

◆　日本の仕事と子育ての両立支援政策は，1990年代の少子化に対する強い危機感が契機となっており，家族政策，雇用政策といった大きな枠組みの中での議論が不足していた側面がある。このため，企業の両立支援策の展開も法遵守という対応に迫られ，人材戦略の中で展開するという視点が必ずしも十分とはいえなかった。このことが，両立支援策が充実してきたにもかかわらず，少子化傾向が好転しない，女性の就業継続も増えない，男性の子育てへの関わりが低調である，という従来と変わらない現状をもたらした背景となった。

◆　仕事と子育ての両立支援政策は，男女共通の権利として育児休業が利用できることを定めた1992年の育児休業法の施行により本格化し，その後，子育てを含めた生活と仕事の調和を図るWLB政策，さらに働き方改革関連法と射程を拡げながら拡充してきた。

◆　企業組織においては，深刻な労働力不足への対応が求められることに加え，多様な人材の能力を企業価値につなげるダイバーシティ経営戦略が重視されるようになった2010年頃から，仕事と子育ての両立支援策は

そのための条件整備として重要になり，女性の就業継続が増えるなど成
果をあげるようになってきた。

◆　企業の経営の視点からこれからの人事戦略を考える上では，仕事と子育
ての両立支援策という仕組みをどのように位置づけ，どのような機能発
揮を期待するのか，について検討を進めながら施策展開を図ることが必
要になっている。

| 注

1　各国調査機関を通じた情報収集（仕事と家族の実状，税・給付制度，保育制度，育児休
業，職場の慣行等）と行政機関へのヒアリングを含む。
2　ただし，OECDの政策は，人口が高齢化する先進国において社会保障制度の持続可能性
を高めることを重視していることから，おのずと女性の労働参加の促進に軸足がある。そ
のため，結婚や出産などのライフスタイル選択に関しては中立でも，就労選択については
中立といえるかは疑問である。
3　「女子に対するあらゆる形態の差別の撤廃に関する条約」が1979年に国連総会で採択され，
1981年に発効された。
4　ILO（国際労働機構）が1981年に「家族的責任を有する男女労働者の機会及び待遇の均
等に関する条約」（ILO第156号条約）を採択し，男女が平等に家族責任を負うことを前提
に，家族責任を負う男女労働者の権利が明確にされた。
5　濱口（2018）の，1978年の「労働基準法研究会報告（女子関係）」の内容による。
6　育児休業法の成立過程は，松原（1992）に詳しい。
7　1995年より，介護休業法を加えて「育児・介護休業法」に改正。
8　佐藤・武石（2008）では，ニッセイ基礎研究所が厚生労働省の委託を受けて実施した研
究成果を取りまとめており，WLB施策や女性活躍推進施策が企業の業績等に及ぼす影響を
検討した。
9　厚生労働省において，2003年から2004年にかけて「仕事と生活の調和に関する検討会
議」を設置し，仕事と仕事以外の活動の調和の必要性が検討された。
10　時短促進法（正式法令名は「労働時間の短縮の促進に関する臨時措置法」）は，年間総
労働時間1,800時間の政府目標を達成するために1992年に制定された。
11　労働時間等設定改善法（正式法令名は「労働時間等の設定の改善に関する特別措置法」）
は，労働者の健康やWLBの観点から，労働時間等の設定の改善を円滑に推進していくこと
が目的とされた。
12　働き方改革の詳細は，本シリーズの佐藤・松浦・高見（2020）に詳しい。
13　日本におけるダイバーシティ経営の展開については，本シリーズの佐藤・武石・坂爪
（2022）に詳しい。
14　これらの制度拡充は，今後法改正を経て行われる。

15　給付水準の引上げは，今後法改正を経て行われる。
16　武石・松原（2017）は，短時間勤務制度利用に注目してキャリアへの影響を明らかにしている。

| 参考文献

伊岐典子（2011）「女性労働政策の展開─『正義』『活用』『福祉』の視点から」労働政策研究・研修機構『労働政策レポート』No.9.

今田幸子・池田心豪（2006）「出産女性の雇用継続における育児休業制度の効果と両立支援の課題」『日本労働研究雑誌』No.553, pp.34-44.

落合恵美子（1994）『21世紀家族へ─家族の戦後体制の見かた・超えかた』有斐閣.

厚生労働省 今後の仕事と育児・介護の両立支援に関する研究会（2023）『今後の仕事と育児・介護の両立支援に関する研究会報告書』.

佐藤博樹（2008）「人材戦略としてのワーク・ライフ・バランス支援」佐藤博樹編著『ワーク・ライフ・バランス─仕事と子育ての両立支援』（子育て支援シリーズ第 2 巻）ぎょうせい, pp.3-29.

佐藤博樹・武石恵美子編著（2008）『人を活かす企業が伸びる─人事戦略としてのワーク・ライフ・バランス』勁草書房.

佐藤博樹・武石恵美子・坂爪洋美（2020）『多様な人材のマネジメント』（シリーズダイバーシティ経営）中央経済社.

佐藤博樹・松浦民恵・高見具広（2020）『働き方改革の基本』（シリーズダイバーシティ経営）中央経済社.

汐見稔幸（2008）「子育て支援，その成果と課題─少子化対策の意義と限界」汐見稔幸編『子育て支援の潮流と課題』（子育て支援シリーズ 第 1 巻）ぎょうせい, pp.3-17.

滋野由紀子・大日康史（1998）「育児休業制度の女性の結婚と就業継続への影響」『日本労働研究雑誌』No.459, pp.33-49.

武石恵美子（2002）「仕事と育児の両立のための雇用環境」平山宗宏編著『少子社会と自治体』日本加除出版, pp.91-107.

武石恵美子・松原光代（2017）「短時間勤務制度利用者のキャリア形成」佐藤博樹・武石恵美子編『ダイバーシティ経営と人材活用─多様な働き方を支援する企業の取り組み』東京大学出版会, pp135-155.

内閣府男女共同参画会議・少子化と男女共同参画に関する専門調査会（2005）『少子化と男女共同参画に関する社会環境の国際比較報告書』.

萩原久美子（2008）「『子育て支援』のメインストリーム化」汐見稔幸編著『子育て支援の潮流と課題』（子育て支援シリーズ第 1 巻）ぎょうせい, pp.18-42.

濱口桂一郎（2018）『日本の労働法政策』労働政策研究・研修機構.

樋口美雄（1994）「育児休業制度の実証分析」社会保障研究所編『現代家族と社会保障─結婚・出生・育児』（社会保障研究所研究叢書）東京大学出版会, pp.181-204.

樋口美雄・阿部正浩（1999）「経済変動と女性の結婚，出産・就業のタイミング─固定要因と変動要因の分析」『パネルデータからみた現代女性─結婚・出産・就業・消費・貯蓄』東洋経済新報社, pp.25-65.

舩橋惠子（2006）『育児のジェンダー・ポリティクス』（双書 ジェンダー分析）勁草書房.

松原 亘子（1992）『よくわかる育児休業法の実務解説』労務行政研究所.

森田陽子・金子能宏（1998）「育児休業制度の普及と女性雇用者の勤続年数」『日本労働研究雑誌』No.459, pp.50-62.

山口一男（2009）『ワークライフバランス―実証と政策提言』日本経済新聞社.

労働政策研究・研修機構（2012）『ワーク・ライフ・バランス比較法研究（最終報告書)』.

OECD（2007）Babies and Bosses―Reconciling Work and Family Life：A Synthesis of Findings for OECD Countries.（高木郁郎監訳（2009）『国際比較：仕事と家族生活の両立―OECDベイビー＆ボス総合報告書』明石書店.)

第 **3** 章

子育て期の女性のキャリア形成支援

　企業においては，正社員女性の仕事と子育ての両立に関して，就業継続
の視点からだけでなく，能力発揮やキャリア形成の視点から支援をする必
要性が増している。特に，フルタイム勤務や残業が難しいなど時間制約が
大きくなる時期にも，正社員女性が期待役割に応じた仕事を担うことがで
き，今後のキャリアについて前向きな意欲を持ちながら働き続けることが
重要である。そのためには，子育て中の働き方に関する効果的な制度のあ
り方と時間制約社員に関する管理職のマネジメントが重要となる。

　こうした視点から，育児休業（育休）から復職後の時間制約社員に対す
る企業による支援は，本人を対象とした両立支援から，時間制約社員の上
司を対象としたマネジメントスキル提供型へと力点が移ってきている。

　本章では，子育て期の社員に対する制度のあり方および時間制約社員の
活躍を促す視点から求められる管理職のマネジメントのあり方を考える。

1　女性の育休取得状況と復職後の働き方

(1)　一般化した正社員女性の出産後の就業継続

　女性の出産前後の就業状況は，どのように変化してきたのであろうか。社会
保障・人口問題研究所の経年調査によれば（**図表3-1**），第1子妊娠前に正社
員だった女性が育休を取得して出産後に正社員として就業している（正規の職
員（育休あり））割合は，1985～1989年の12.1％から段階的に増加し，2015～
2019年には68.3％に達している。

図表3-1 【第1子妊娠前正規の職員】第1子出生年別にみた，第1子1歳時の従業上の地位および育児休業制度の利用の有無

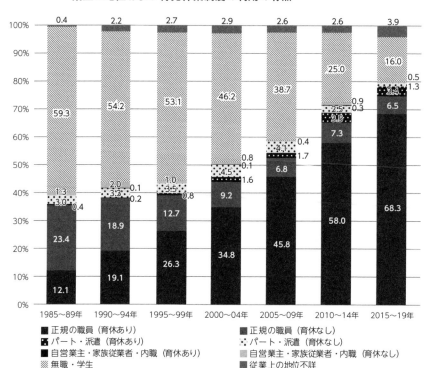

注：1985〜89年，1995〜99年，2005〜09年，2015〜19年は「自営業主・家族従業者・内職（育休あり）」データなし

出所：国立社会保障・人口問題研究所（2022）

　育休を取得して就業継続した割合と育休を取得せずに出産後も正社員として就業した（正規の職員（育休なし））割合とを合わせてみると，1999年までは，ほぼ横ばいであった。これまで育休を取得せずに就業継続していた層が，育休取得に移行した可能性が高く，育休取得の増加が就業継続女性の割合を増加させることには寄与していなかったとみられる。その後，2000年代に入ると，育休を取得せず正社員として就業継続した割合は下げ止まり，育休を取得して就業継続した割合が大きく増加し，ようやく就業継続女性の割合の増加が始まっている。2000年代後半からは，育休を取得して就業を継続する女性の割合はさ

らに高まり，特に，「2005‐2009年」から「2010～2014年」の増加幅が大きい。

　2000年代までの日本において，仕事と子育ての両立支援の課題は，主に，妊娠・出産後における就業継続をいかに支援するかという点にあった。しかし，2010年代に入って，産前休業を取得した者では第1子出産後の離職が減少し，先にみたように育休を取得しての就業継続が7割弱にまで増加したことで，正社員女性では，妊娠・出産後の就業継続が一般化したといえる状況に至った。

　この背景には，2000年代の国の方針や法整備に企業が対応したことがあるとみられる。2005年に施行された「次世代育成支援対策推進法」（次世代法）に基づく自主行動計画により，企業は，仕事と子育ての両立支援制度の導入のみならず，制度の利用しやすさや実際の利用率を高めるための取組みを充実させていった。国が仕事と子育ての両立支援に限らず，すべての労働者の仕事と生活の調和を図るための働き方の見直しを推進する目的で2007年に制定した「仕事と生活の調和（ワーク・ライフ・バランス）憲章」や「仕事と生活の調和推進のための行動指針」は，企業における子育て社員の働き方の柔軟化も後押しした。また，2009年の育児・介護休業法の改正により，育休からの復職後の短時間勤務や所定外労働の制限が企業に義務づけられたことが，育休復職後の現実的な働き方の選択肢を子育て社員に保障することとなった。

　企業の人事担当者等の実感からもこうした変化をみてとることができる。2011年に三菱UFJリサーチ＆コンサルティングが実施した企業調査（2012）では，過去5年間の変化として，「結婚・出産を機に離職する女性が減った（「かなり減った」「やや減った」）」とする回答が1,001人以上の企業では半数強を占め，従業員規模の大きな企業ほどこの比率が高い傾向がみられた（**図表3-2**）。中小企業については，大企業に比べて離職が多いということではなく，もともと大企業より少なかった離職状況が「変わっていない」という状況であり，いわば，離職の多かった大企業において，結婚・出産前後における女性の就業継続が中小企業の水準に近づいてきた状況であったといえる。

　2011年調査から5年後の2016年の調査（三菱UFJリサーチ＆コンサルティング，2016）では，類似の設問に対して，結婚・出産期に離職する女性の割合が減少した企業が少なからずあるものの，最も高い回答は「変わらない」となっ

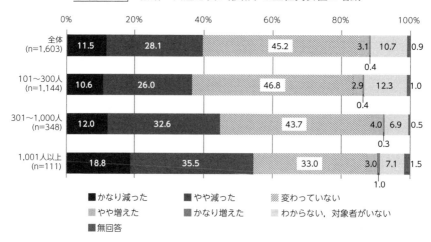

図表3-2 結婚・出産を機に離職する正社員女性の増減

注：結婚・出産を機に離職する正社員女性人数の5年前からの変化
出所：三菱UFJリサーチ&コンサルティング（2012）

ている。このことから，企業の人事担当者の実感としては，結婚・出産期の離職者の減少という変化は，2010年前後に起きた企業が多いとみられる。

　先にあげた2009年の改正育児・介護休業法では，企業は子が3歳までの従業員に対して短時間勤務制度を措置する義務が生じた。正社員に対して，職務の範囲を明確に定めず，フルタイム勤務で残業ありの画一的な働き方で，転勤など組織の業務命令などに最大限に応ずることを求めてきた日本企業にとって，この改正法によってフルタイム勤務でない「短時間正社員」の働き方を職場に受け入れるということには解決すべき課題が多かった。しかし，短時間勤務の導入は，女性の就業継続に大きな効果をもたらした。三菱UFJリサーチ&コンサルティングの企業調査（2012）でも，女性の離職が減った要因として，人事担当者の半数近くが「短時間勤務が利用できること」をあげており[1]，企業の人事担当者もこれを認めていることがわかる。

　2018年に三菱UFJリサーチ&コンサルティングが実施した企業調査（2019）では，6割以上の企業で「妊娠・出産で離職する女性はほとんどいない」との回答がある。この割合は，依然，大企業に比較して中小企業のほうがやや高い

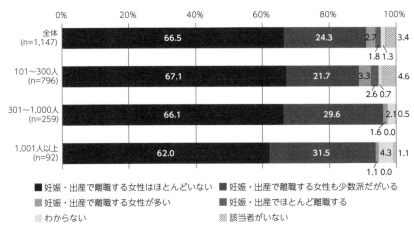

図表3-3｜企業規模別　妊娠・出産による離職の状況（無期契約労働者）

注：無期契約の労働者に関する回答である
出所：三菱UFJリサーチ＆コンサルティング（2019）

ものの，大企業と中小企業の割合の差は5ポイント程度に縮小している。「妊娠・出産で離職する女性も少数派だがいる」という回答割合は大企業のほうが高いものの，全体として，企業規模にかかわらず約9割の企業で，妊娠・出産による離職が「ほとんどない」「あっても少数」という状況が確認できる（**図表3-3**）。

　同じく三菱UFJリサーチ＆コンサルティングが2018年に実施した末子3歳未満の子どもを持つ労働者を対象とした調査（2019）でみると，正社員女性では，末子妊娠判明時に働いていた同じ会社での就労継続を希望していた割合は90.2％，同じ会社で継続して働いている割合は90.7％となっている[2]。

(2)　育休の取得状況

　1991年の「育児休業法」制定以降の育休の取得率[3]を厚生労働省「雇用均等基本調査」により確認すると，1996年時点で女性の労働者（有期契約労働者を含む）の取得割合が49.1％と約半数に達していることから1990年代に上昇したことがわかる（**図表3-4**）。

64

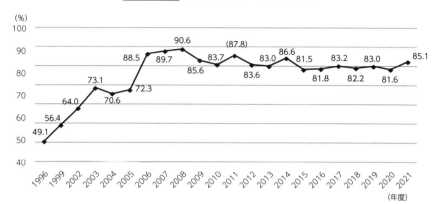

図表3-4 育休取得率の推移（女性）

注：2010年度までは，調査前年度1年間（調査前年4月1日～調査年3月31日）に出産した女性のうち，調査時点までに育休を開始した者（開始の予定の申出をしている者を含む）の割合。2011年度以降は，調査前々年10月1日から翌年9月30日までの1年間に在職中に出産した女性のうち，調査年10月1日までに育休を開始した者（育休の申出をしている者を含む。）の割合。2011年度の割合は，岩手県，宮城県および福島県を除く全国の結果
出所：厚生労働省「令和3年度雇用均等基本調査　調査結果の概要（事業所）」（1996,1999年度）および「各年度雇用均等基本調査」（2002～2021年度）をもとに作成

　特に取得率が大幅に上昇したのは，2005～2006年であるが，これは，先に紹介した2005年4月に施行された次世代法の影響があったとみられる。次世代法によって企業に，「労働者の仕事と子育てに関する」自主的な行動計画の策定が義務づけられ，当初の計画の「目標」として育休取得率の向上を掲げた企業が多く，その目標達成のために，育児休業制度の周知等が行われた。女性の育休取得率は，2008年の90.6％が過去最も高い割合であり，その後80％台で推移している[4]。次世代法に基づく，企業による制度の周知や取得推進の積極的な働きかけで9割まで達したものの，その後8割台に落ち着いたというところだろう。なお，ここで示している育休の取得率は，あくまでも在職中に出産した女性のうち，育休を取得した者の割合であり，在職中に妊娠したが出産前に離職した女性は母数に含まれていない。

　育休を取得していない十数％の女性は，産後休業のみで復職したか産後休業中に離職したことになる。産後休業のみでの復職については，キャリアの中断期間を短くするため，夫婦間での役割分担や親族によるインフォーマルな支援

などがあったため，積極的に育休を取得していない場合もあるとみられることから，育休を取得していないことが必ずしも問題だとはいえない。ただし，シングルマザーを含め経済的な理由により育休を取得できない場合や，経営層や職場の上司が育休取得に肯定的でない意向を示していたり，休業中の仕事を代替する体制ができていないことなどから，実質的に「休みにくい職場である」といった問題が含まれている可能性も否めない。三菱UFJリサーチ＆コンサルティング（2019）の調査では，正社員女性で「末子が生まれてまもなくの頃」は「長期の休業を取得して，子育てをする」ことを希望する割合が72.6％，実際にそうしている割合は68.6％となっている。「末子が1歳になるまで」では，長期の休業取得希望が55.9％で，実際にそうしている割合は48.0％となっている。1歳までの休業については，希望と実際との差が8ポイントほどあり，希望どおりに取得できていない女性が一定程度いることがわかる。

　また，厚生労働省「雇用均等基本調査」によれば，育休の取得期間について，女性は1年前後の割合が高く，さらに1年を超える期間の割合が増加傾向にある[5]。育休の取得可能期間は，原則子が1歳に達するまでだが，保育所に入所できない等の理由で必要と認められる場合，1歳と1歳6カ月のタイミングで延長を申請することができ，最長2歳までの延長が可能である。1歳6カ月以降の再延長は，2017年10月施行の改正育児・介護休業法による措置であり，実際の取得期間が長期化している背景には，こうした法改正とその背景にある保育所の利用にあたっての課題があるとみられる。この保育所の課題については第6章で詳述する。

　総務省（2013，2023）では，出産だけでなく，育児事由も含めた離職者数を捉えているが，2012年調査では出産・育児のために前職を離職した15～44歳の正規の職員・従業員が419,600人だったのに対し，2022年調査では257,700人と，約16万人減少している[6]。復職後の柔軟な働き方が可能になったことによって，出産期に離職せず育休を取得して復職する人が増え，さらに波及効果として育児中の離職も減っていることがうかがわれる。

⑶　復職後の働き方

　育休からの復職においては，育休取得前に正社員だった者では，大きく分けて，妊娠前の働き方に戻るか，両立支援制度等を利用して短時間勤務などの働き方に変えるか，という2つの選択肢がある。妊娠前の働き方は，所属組織における通常の勤務形態・働き方であったと考えられ，この「通常の勤務形態・働き方」がどうであったかによって，出産前後に働き方を変える必要性は異なる。出産前の働き方がフルタイム勤務であっても，フレックスタイムやテレワーク等，働く時間や場所を選択でき，かつ残業も少ない状態であれば，育休から復帰した後に働き方をそれほど変えることなく両立を図ることができる可能性は高まるであろう。しかし，従来の日本企業の正社員における「通常の働き方」は，時間や場所の選択肢が乏しい画一的な働き方であり，かつ長時間労働という問題があった。そのため，かつては，妊娠・出産時の離職，あるいは結婚した時点で残業がないあるいは少ない派遣就業や短時間勤務のパート等非正社員などの就業形態を選択する女性が多かった。そのため，先に述べたように，短時間勤務や所定外労働の制限という働き方の選択が法的に保障されたことが，女性の出産後の就業継続に大きくプラスの影響を与えたと考えられる。

　それでは，実際に仕事と子育ての両立のために，短時間勤務等はどのように活用されているのであろうか。

　まず，育児のための何らかの制度を導入している事業所の割合を厚生労働省「雇用均等基本調査」でみると，2015年では61.3％であったが，2021年には73.2％に増加している。制度がある事業所における各制度の利用者割合も，2015年と2021年を比較すると，短時間勤務制度は13.3％から17.0％，フレックスタイム制度は7.0％から10.7％，テレワークは4.6％から22.4％になるなど増加している。

　各制度の女性の利用状況について，女性活躍推進法施行直前の2015年度と新型コロナ感染拡大前の2019年度，コロナ感染拡大後の2021年度の3時点での推移をみてみよう（図表3-5）。利用率は，いずれかの制度の利用があった事業所を100とした割合である。復職後の働き方としては，いずれの時点でも「短

図表3-5　育児のための所定労働時間の短縮措置等の各制度の利用内訳

(%)

	年度	各制度がある事業所における制度利用者計	短時間勤務制度	所定外労働の制限	育児の場合に利用できるフレックスタイム制度	始業・終業時刻の繰上げ・繰下げ	事業所内保育施設	育児に要する経費の援助措置	育児休業に準ずる措置	テレワーク（在宅勤務等）
女性	2015	100.0	39.0	15.2	8.3	13.9	17.7	2.9	2.3	0.8
	2019	100.0	33.0	10.1	18.3	12.8	5.1	9.7	4.7	6.3
	2021	100.0	38.1	13.0	7.7	12.5	2.1	3.7	4.7	18.2
男性	2015	100.0	7.0	3.6	60.8	7.0	13.4	4.9	0.1	3.2
	2019	100.0	4.6	2.0	24.3	5.8	2.5	30.9	1.1	28.7
	2021	100.0	2.8	1.5	10.4	6.8	1.0	6.2	2.1	69.3

注１：「利用者」は，調査前年10月１日から翌年９月30日までの間に各制度の利用を開始した者（開始予定の申出をしている者を含む）
注２：同一労働者が期間内に２回利用した場合は２人として計上し，同一労働者が２つ以上の制度を利用した場合は，それぞれに１人として計上
出所：厚生労働省（2016，2020，2022）「雇用均等基本調査」平成27年度・令和元年度・令和３年度をもとに作成

時間勤務制度」の利用が最も割合が高く，30％台である。ただし，2015年度から2019年度にかけては割合が減少し，2019年度から2021年度にかけて，また増加している。2019年は，2015年度に比べて短時間勤務制度の利用割合が減っただけでなく，所定外労働の制限の利用割合も減っており，一方で，フレックスタイム制度やテレワーク（在宅勤務等）が増加している。

　女性活躍推進法が施行され，企業の関心も女性の就業継続から活躍支援に拡大する中で，子育て女性の働き方も労働時間を短くするばかりではなく，働く時間や場所の柔軟性を高めて両立を図るという選択肢が出てきたと考えられる。背景としては，働き方改革により，子育て社員だけでなく職場全体で残業削減が一定程度進んできたために，所定外労働の制限に対するニーズが低下した可能性や，柔軟な働き方の制度拡充により，フルタイムでも両立可能な働き方ができるようになってきた可能性が考えられる。また，育児期だからといって特別に短く働くのではなく，育児期も周囲の社員に近い時間で働きたいと考える女性が増えてきた可能性もある。

　ところが，新型コロナの感染が拡大した2021年度には，再び短時間勤務制度や所定外労働の制限の利用割合が高まり，テレワークの利用割合は大幅に増加する一方で，フレックスタイム制度の利用割合は減少している。コロナ禍によ

る保育サービスの利用制限や，休校，家族の健康管理等の必要性の高まりによる子育て負担の増加により，労働時間短縮の必要性が高まった可能性がある。テレワークについては，コロナ禍での企業における導入の拡大に伴い，女性の利用割合も高まっているが，2021年度の女性の利用割合が18.2％なのに対し，男性は69.3％と，男女間で利用率には大きな差がある。男性は，2015年度にはフレックスタイムの利用割合が最も高く60.8％であったが，2021年度にはテレワークが最も高い割合となっている。

　さらに，企業規模別の短時間勤務制度の利用状況を三菱UFJリサーチ＆コンサルティング（2019）でみると，従業員規模1,001人以上企業の約6割が，育休取得後に短時間勤務制度を「ほとんどの人が利用する」と回答している。一方，従業員規模101〜300人以下では，同回答は3割強にとどまっている。大企業では，従業員規模が大きく常に子育て世代がいることで，育休や短時間勤務等の両立支援制度の利用者も常にいる状態になりやすいと考えられる。また，中小企業では制度化しなくとも個別ケースごとのマネジメントで両立を可能とする柔軟な働き方を実現できても，大企業ではそうした対応が難しく，公平性の観点からも，柔軟な働き方の選択肢を就業規則等で明確に制度化しておくことが重要になる。そして，明確に制度化されていることや，先に述べたように常に誰かしら利用者がいることが，制度を利用しやすい環境の醸成につながる。そのため，2009年の改正育児・介護休業法で短時間勤務制度が義務化された後の復職後の働き方の多様化は，特に大企業で進んでいる。

　また，短時間勤務や所定外労働の制限については，育児・介護休業法で企業に義務が課されているのは子が3歳まで，努力義務が課されているのは小学校入学前までであるが[7]，小学校入学後もこうした働き方を希望する女性は少なくない。三菱UFJリサーチ＆コンサルティング（2019）では，未就学の子を持つ正社員女性のうち49.5％が，小学校低学年時にも残業のない働き方，あるいは短時間勤務で働きたいという希望を持っており，実際には，30.4％がこうした働き方を選択していることを明らかにしている。短時間勤務を長期に利用したい女性のニーズの背景には，夫である配偶者の長時間労働や子育て参画が不十分であるといったこともあろう。

⑷　なぜ短時間勤務が効果をあげたか

　1990年代から少子化対策の一環として政府によって推進された「仕事と子育ての両立支援」は，まず保育環境の整備から進められた。1994年12月に国の少子化対策における最初の具体的計画として策定された「エンゼルプラン」や1995年から1999年にかけて推進された「緊急保育対策等５か年事業」において，「社会全体で子育てを支援していく」ことをねらいとし，多様な保育サービスの充実が図られた。具体的には，低年齢児（０〜２歳児）保育や延長保育，一時保育，放課後児童クラブ等の量的拡大，保育所の多機能化のための多機能化保育所の施設・設備の整備，子育て支援のための基盤整備としての地域子育て支援センターの整備などである。

　こうした取組みにより，平日日中の一般的な保育に加え，正社員として仕事と子育ての両立を図るために，長時間残業や休日勤務にも対応した夜間保育や休日の保育サービスの整備も課題として取り組まれた。だが，この当時，国は，夜間や休日の勤務対応を公的な保育サービスで担保しようとしたが，保育サービスを整備する自治体においては，実際の利用ニーズは大きくないと判断され，コストの問題などからも整備はあまり進まなかった。子育て女性の立場からも，働き続けるためには，残業や出張，休日勤務等が生じる可能性があり，子どもを預けることが必要な場合があるとしながらも，そのために長時間の延長保育や夜間保育を利用することには心理的抵抗があったとみられる[8]。

　1991年５月には育児休業法が成立しており，その後の法改正で取得しやすさの向上のための制度改善や周知活動などが行われていた。しかし，復職後の柔軟な働き方の選択肢は乏しく，長時間労働が解消されないままでは，従来から育休を取得せずに就業継続していた層が育休を利用するようになっても，これまで出産時に離職を選択していた層が育休を取得して就業継続するようにはならなかったと考えられる。

　三菱UFJリサーチ＆コンサルティング（2009）の結婚・出産前後の働き方の希望と現実に関する調査によると，「これまでと同じように働きたい」と回答する割合は，希望も現実も大きくは変わらないが，「働き方を変えて仕事の負

担を減らしたい」と回答する人の割合は，希望の割合に比較して現実の割合が低くなる。このことからも，結婚や出産時に離職をする人の多くは，これまでと異なる働き方を選択したいと考えていたがそれが実現しないために離職していた可能性が高いと推測される。内閣府（2007）でも，ライフステージに応じた働き方の変化における希望と現実のギャップをみると，調査当時，30代，40代だった女性たちは，子どもが生まれた後は「短時間勤務」あるいは「家でできる仕事」という選択をしたいと回答する割合が高かったが，現実としてはそうした働き方の選択肢がないことで，多くが離職しているという調査結果が示されている。したがって，長時間や夜間の保育の預け先ではなく，自分や配偶者が長時間働かずに直接子どもをみられる働き方が望まれていたとみることができる。また，仮に長時間残業がなく定時退社が可能だとしても，1日8時間勤務を前提とした場合，大都市圏で片道一時間前後の通勤時間を合わせると，通常の保育だけでなく延長保育が必要となってしまう。そのため，追加的に保育料がかかることに加え，子どもの生活リズムを考えると，夕食を食べさせる時間も遅くなり，就寝時間も遅くなってしまうことが懸念される。そうした子どもの生活リズムを心配して，フルタイムの働き方を回避したいと考える女性も少なくない。

　こうした中で，1日6時間という短時間正社員の選択肢ができたことは，「正社員として仕事を続けながら，子どもの生活リズムを守ることができる」という意味で女性たちの支持を集めた面もあると考えられる[9]。短時間勤務制度は，子育て社員の抱える課題に応えるものであったことで効果をあげたといえよう。

　一方，通勤時間の短い地域などでは，所定外労働の制限の利用だけでも通常保育の時間内で送り迎えが間に合う場合も少なくないが，それでもあえて短時間勤務が選択される場合がある。定時に退社する所定外労働の制限の利用では，両立支援制度を利用しているのか，単に定時退社しているのかが周囲からわかりにくく帰りづらいということや短時間勤務であれば時短相当分の給与が減額されるが所定外労働の制限では減額されないため周囲に気兼ねする，といった理由による選択である。こうした理由に基づく短時間勤務制度の利用は，本来，

制度利用当事者としてはフルタイム勤務が可能であるにもかかわらず，制度の利用しやすさや周囲との不公平感への懸念から，いわば消極的に選択されているものであるといえよう。

2　復職後の働き方とキャリア形成における課題

(1)　両立スタイルの新たな課題

　先に述べたように，2010年代に，正社員女性は，子が1歳に到達した後，年度初め等の保育所に入所しやすいタイミングで復職し，その後，短時間勤務制度や所定外労働の制限を利用して就業継続をする働き方が，大企業を中心に定着したとみられる。こうした変化が起こる以前は，大企業よりも中小企業のほうが，女性就労者に占める正社員女性の割合も出産期に就業継続する女性の割合も高く，その差も大きかった。背景には，両立支援制度は大企業ほど整っていなくても，実質的に管理職の裁量等により柔軟な働き方が許容されるという中小企業の実態があったためとみられる。つまり，短時間勤務制度が措置義務化される以前は，妊娠・出産による正社員女性の離職は，中小企業よりもむしろ大企業で深刻な問題であった。2009年の改正育児・介護休業法による短時間勤務制度の措置義務化（中小企業は2012年7月から適用）は，大企業において，妊娠・出産期にも正社員女性が就業継続できるという大きな変化をもたらした。

　しかし，育休取得後に短時間勤務制度が活用されることで，「育児期の就業継続が可能となった」という前向きな評価がなされる一方，育休に加えて短時間勤務の利用が一般化し，短時間勤務を法定以上に引き上げた大企業を中心にその利用期間が長期化するに従って，「働き方やキャリアに対する展望がないまま権利として制度を利用する人が増えた」というマイナスの影響を指摘する声も聞かれるようになった。

　育休取得後に短時間勤務制度を利用した場合の中長期的なキャリアへの影響について，三菱UFJリサーチ＆コンサルティング（2012）が行った企業調査では，「中長期的なキャリアに影響する（「やや影響する」「大きく影響する」）」

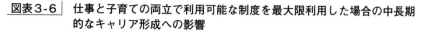

図表3-6 仕事と子育ての両立で利用可能な制度を最大限利用した場合の中長期的なキャリア形成への影響

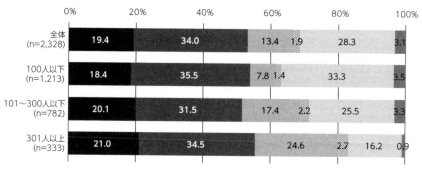

出所：三菱UFJリサーチ＆コンサルティング（2017）

とする割合は，正社員数101人以上の企業では18.0％，100人以下では17.1％と企業規模による差はほとんどなかった。その後の三菱UFJリサーチ＆コンサルティング（2017）では，その割合は，100人以下では低下しているのに対し，企業規模が大きいほど高くなり，大企業においてはキャリア形成に「影響する」との見方が強まっている[10]（**図表3-6**）。

　特に，大企業においては，両立支援やワーク・ライフ・バランス（WLB）という観点から，育休や短時間勤務などの両立支援施策の拡充を図り，法定を超える制度を整備してきたが，育休や短時間勤務制度の利用期間が長くなり，かつ制度利用者も増大していく中で，制度利用者のキャリア形成や管理職登用といった課題が強く認識されるようになっていった。この問題も，従来の働き方と同様に，企業の人事戦略や人材育成のあり方がどのようなものであったかによって，問題の深刻さが異なってくる。

　例えば，

- 女性が結婚・出産で離職することや，長期勤続しないことを想定して人事戦略や人事制度を組み立てていなかったか。

- その結果，女性社員に対する不適正な配置や仕事の割り振りが行われていなかったか。
- 研修，特に選抜型研修の参加者の選考において女性を排除していなかったか。
- 転勤を含む異動の対象者として男性のみを想定していなかったか。
- 社員の働き方の制約や上司による部下に対する昇進期待が人事評価に影響するものとなっていなかったか。
- 組織目標が，労働時間を考慮せずに職場の配置人数比で設定されたり，前年比で設定されたりするため，フルタイム勤務や残業できない社員の存在が，周囲の同僚の目標増につながっていなかったか。
- 昇格・昇進が，入社時期による「年次」で管理されているために，育休等の両立支援制度利用が昇進・昇格において不利になり，キャリアの道筋が見えなくなっていなかったか。

といったことのいずれかが該当するような組織の人事管理制度は，正社員の長期休業や短時間勤務の利用を想定しておらず，そのために，育休や短時間勤務などの制度を利用した社員のキャリア形成や管理職登用が困難となる可能性が高まるのである。こうした問題の生じやすい組織では，育休取得後に短時間勤務を利用する者が増えてくると，従来であれば離職していた人材としてあまり期待をかけていなかったが故に，短時間勤務者が就業継続はするけれどキャリアアップできない，いわゆるマミートラックにはまることを，経営層や人事担当，上司等が看過することになる。

　また，短時間勤務の利用者が増え，かつ利用期間が長期化することで，短時間勤務者と周囲のフルタイム勤務の社員の間の軋轢も深刻化してきた。育休や短時間勤務などの制度利用は，利用者本人のキャリアにマイナスの影響があるだけでなく，周囲の社員の不満も招くことになる。これについては，第5章で詳述するが，特に，フルタイム勤務者の長時間労働が常態化している職場の場合，短時間勤務者の基本給が労働時間短縮の分に応じて削減され，かつフルタイム勤務者に超過勤務手当が支払われていても，フルタイム勤務者は短時間勤務者をサポートすることが多いことや，短時間勤務者の退社後の仕事をカバー

することなどもあり，短時間勤務者の働き方に納得感を得られず，短時間勤務者とフルタイム勤務者の間に「不公平感」も生じやすい。

　2014年のいわゆる「資生堂ショック」は，象徴的な出来事であった（武石・松原，2017）。「資生堂ショック」とは，短時間勤務者の増加に伴い，独身者や子どものいない社員に業務の負担が集中したり，制度利用者自身のキャリア形成に問題が生じるといった課題を受けて，資生堂が行った制度改革を指すものである。短時間勤務を利用している子育て女性社員に対して個々の事情を勘案した上で，繁忙となる夕方以降や休日のシフトに可能な範囲で入り，売り上げなどの目標を意識し積極的なキャリア形成を図ることを企業が促した。両立支援先進企業であった資生堂の取組みは女性のキャリア形成支援として前向きなものであったが，短時間勤務の長期利用に伴う問題に気づいていない他の企業や社会からは，女性活用の後退ともみられた。

　資生堂に限らず，従来の組織のあり方を見直さないまま，短時間勤務を利用できる期間を延長してきた企業では，短時間勤務の利用者は就業継続ができても活躍やキャリア形成が困難となり，一方，周囲のフルタイム勤務者は制度利用者に対して不公平感を募らせるという問題が起こってきた。また，仕事と子育ての両立支援制度を拡充した企業では，出産・子育て期の女性の就業継続が増えたことで，管理職候補となる人材のボリュームは増えていったものの，そのことが，管理職の増加にはつながらないという状況が続き，両立支援のあり方に関する国や先進企業の関心も高まっていった。

⑵　企業と当事者の受け止め方のギャップ

　2016年4月に施行された女性活躍推進法では，従業員301人以上の企業に，女性の活躍に資する自主行動計画の策定が義務づけられた（2022年4月から従業員101人以上へ拡大）。次世代法と同様に[11]10年間の時限立法であり，企業は2，3年の単位で計画を策定し，女性活躍の実情や目標を公表しながら取組みを進めることとなった。政府には，2005年に閣議決定され，第2次男女共同参画基本計画に盛り込まれた「202030（2020年までにあらゆる分野の指導的地位にある女性の割合を30％に）」という目標[12]があり，女性活躍推進法の施行に

合わせて女性の管理職比率を上げることが期待されたため，多くの企業では，女性の管理職比率を目標に設定した。

　しかし，女性活躍推進法による行動計画の内容を検証すると，ここで両立支援において生じていた軋轢の解消を課題とした企業は少なかったことがわかる。すなわち，子育て期に短時間勤務を含む働き方を選択した社員のキャリアに道筋をつけられるよう，既存の人事制度や働き方を見直したり，固定的性別役割分業意識による職域や仕事のアサインの偏りを見直したりといったことに注力する企業は少数で，管理職候補にあがってきている女性社員をリストアップし，研修で意識啓発をして登用する，という取組みに注力した企業が多かったのである。管理職候補層には，低年齢層の子どもを育てている社員や育休からの復職間もない社員も含まれるが，管理職への昇格が期待される女性には，従来の男性型のキャリアモデルに合わせることが求められた。例えば，総合職女性には，短時間勤務制度ではなく，残業可能なフルタイム勤務ができる社員と同じ働き方に戻るように促すなどである。

　一方で，短時間勤務の利用者側の思いは大きく異なる。企業側は，育休から復職後の数年間のみ短時間勤務を活用し，そのあとは，従来どおりの長時間労働や男性型のキャリアコースに乗ることを期待していた。しかし，育休から復職して短時間勤務を利用している女性の中には，フルタイムに戻っても就業が継続できるのかを不安に思っている人も少なくないのである。直接，当事者と個別にコミュニケーションをとっている人事担当者はこのことを認識しているが，大企業の多くの人事担当者は，企業側の思惑と短時間勤務利用者の意識とのずれに気がつきにくい。

　以前は結婚や妊娠で退職して専業主婦を指向していた女性たちが，短時間勤務が法制化された現在は，退職せずに就業継続を選択するようになった。しかし，短時間勤務を選択している女性社員の多くは，夫の子育て参画がないこともあり，残業ありのフルタイム勤務では仕事と子育ての両立が難しく，就業継続が難しいと感じている。そのため，企業が短時間勤務の利用可能期間を延長すると，制度利用期間上限まで利用を希望する者や，さらなる利用可能期間の延長を希望する者が出てくることになるのである。

　松原（2012）が指摘するように，「休業制度利用と合わせると 5 ～10年程度の長期間にわたりフルタイム勤務をしない社員が増加」し，「制度利用者の業務がその能力に応じて配分されていてもその内容に変化がなければ，中長期的にはキャリアアップが困難になり，組織の中核人材となりえる人材が減少し，内部労働市場が希薄化する可能性がある」という点では，企業の危惧も当然である。キャリア形成にネガティブに影響しない短時間勤務制度の運用方法としては，

①短時間勤務か従来のフルタイムかの二者択一ではなく，フレックスタイム制やテレワークの組み合わせなどで，フルタイムに近い形で両立しやすい働き方の選択肢も用意する

②働き方改革により長時間労働削減や全社員を対象とした柔軟な働き方を導入し制度利用者とフルタイム社員の働き方の差を小さくする

③短時間勤務であっても，期待役割に見合った質の仕事を配分し，時間当たり生産性の高い仕事を期待し評価する

④多様な働き方を選択しつつキャリア形成を図る道筋を提示する

⑤家庭内で配偶者との家事・育児分担についてもよく話し合うよう促す

といった取組みが考えられる。

　女性の管理職を増やすという目標を実現する方法としても，従来の組織のあり方や働き方を変更せずに女性の管理職への登用を進めるのか，長期休業や復職後の多様な働き方を前提として新しい働き方での管理職への登用を進めるのかには，大きな違いがある。

3　企業の復職支援の課題

(1)　育休取得の支援

　2022年 4 月より段階的に施行された改正育児・介護休業法により，事業主には，育休を取得しやすい雇用環境の整備と，妊娠や出産の申出をした労働者に対する個別の周知，意向確認の措置が義務づけられた。

まず，育休を取得しやすい雇用環境の整備に関して，事業主は，次のいずれかの措置を講ずることが必要となり，複数の措置を講ずることが推奨されている。

① 育児休業に関する研修の実施
② 育児休業に関する相談体制の整備等（相談窓口設置）
③ 自社労働者の育児休業取得事例の収集・提供
④ 自社労働者へ育児休業制度と育児休業取得促進に関する方針の周知

②〜④の内容を実施し，リーフレットや社内のポータルサイトで情報提供するか，①の研修を通して情報提供することになる。

具体的な復職支援については，厚生労働省では，人事と上司と当事者との話し合いを通じた復職プランの作成を推奨している。厚労省が提示する「『育休復帰支援プラン』策定マニュアル[13]」では，法定の措置・制度の整備に加え，制度対象者の希望や育児環境等の確認，職場の環境を確認した上でマネジメントの検討を行う，ということが必要とされている.

⑵　企業が取り組む復職支援

育休取得からの復職者の仕事と子育ての両立支援制度を見直すに際して，企業の取組みとして重要なのは以下の3点であろう。

第一に，企業としての復職支援の方針の明確化である。

三菱UFJリサーチ＆コンサルティング（2017）では，育休からの復職者の能力開発やキャリア形成支援を「重視していない（「あまり重視していない」「重視していない」）」とする企業が3割を超えている（**図表3-7**）。

企業としては，育休から復職後の女性社員への期待を明確に打ち出し，能力開発やキャリア支援を重視しているという方針を明示することで，復職者が育成すべき対象であることを上司に認識させ，育成を支援するよう促すことが必要であろう。

第二に，復職後の両立支援制度利用に関して，当事者に自身の積極的なキャリア形成の視点から制度の効果的な利用を検討してもらうための情報提供や働

78

図表3-7 育休から復職した正社員の能力開発やキャリア形成支援の重視度

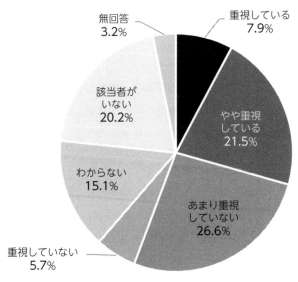

出所：三菱UFJリサーチ＆コンサルティング（2017）

きかけである。

　具体的には，まず，自身の仕事の性質にあった柔軟な働き方の選択を検討するよう促すことである。仕事内容や職場の状況によっては，短時間勤務ではなく，トータルの労働時間を変えないフレックスタイムやテレワーク，始業・終業時間の繰上げ・繰下げのほうが効果的な場合もある。2023年6月に出された厚生労働省「今後の仕事と育児・介護の両立支援に関する研究会報告書」（以下，「両立支援研究会報告（2023）」）では，子が就学前までは，短時間勤務制度に限らず，テレワークや始業時刻の変更等によるフルタイム勤務なども含めた柔軟な働き方から選択できるとすることや，3歳までの働き方としてもテレワークを努力義務として加えることを提言している[14]。

　次に，ライフステージに応じて働き方を変えることを意識化することである。子育て期間中は，復職直後，子が3歳までと3歳以降，小学校入学以降など，時期によって生活環境は大きく変化する。こうした子どもの成長段階などに合わせて，自身の働き方を見直すことを推奨する。例えば，育休から復職した直

後に1日6時間の短時間勤務を選択したら，その後ずっと同じ働き方を継続するのではなく，生活の変化に応じて少しずつフルタイムに近づくよう働き方を変化させられないか検討する。法定を超えて長期にわたり短時間勤務制度等が利用できる大企業においては，特に大事な点である。

　第三に，家庭内の夫婦の役割分担や，通常保育以外のサポート体制の確保を促すことにつながる情報を提供することである。育休取得における男女差が大きい状況においては，男性は，女性の育休取得期間中は，女性が家事・育児をすべて担うのが当然と思ってしまうリスクがある。時には，専業主婦家庭よりも，両立支援制度を利用している女性のほうが家事・育児を極端に担っている可能性もある。なぜなら，専業主婦家庭では，これまでの家事に子育てが加わったことで，妻の負担が増したとの認識を夫と共有すれば，夫が子育ては夫婦で担う必要がある，と考える可能性もあるからだ。しかし，妻が育休中の場合，妻がこれまで担ってきた家事と仕事といった役割が家事のみになることで，夫婦間で，妻が子育てを主に担うのが当たり前という認識を共有しやすくなってしまう可能性がある。そのため，夫婦がともに育休を取得することに加え，復職後の生活を見据えた夫婦の家事・育児の役割分担を休業中から意識しておくことの重要性なども伝えておくことが有用である。サポート体制確保のための情報提供については，企業の周辺自治体の相談窓口の周知や先輩社員の経験談の共有等が考えられる。この点については，第6章4「地域における子育て支援」で詳述する。

(3) 復職後の働き方に関する制度

　復職後の働き方の制度設計における主な課題は，「働く時間や時間帯の設定，働く場所の柔軟性をどの程度認めるか」と，「どのくらいの期間の利用を可能とするか」である。

　働く時間の設定については，例えば，短時間勤務については，法定では「6時間」の勤務を可能とすることが示されているが，6時間の短時間勤務制度を措置したうえで，社員のニーズに応じて7時間勤務や5時間勤務など，フルタイムよりも短い多様な時間選択を設定することも可能である。所定労働時間が

例えば8時間の場合，それより少し短い7時間や7時間半であれば両立が可能な人もいる。本人が希望すればできるだけフルタイムに近い勤務形態での就業を支援するという考え方から，時間短縮を15分や30分刻みで選択できるようにしておくと，保育所の送り迎えの時間帯等に合わせて効率的に働くことができる。こうした多様な短時間勤務の設定については現行法でも可能であるが，2023年12月に労働政策審議会から厚生労働大臣に出された建議では，こうした多様な設定を促進することが提案されている。つまり，将来的にフルタイム勤務に戻ることを前提にしたキャリア形成を図るために，段階的に働き方を変えていくよう促す，といった視点から，制度的に許容される時間選択の幅を検討すべきであろう。

　さらに，短時間勤務以外の柔軟な働き方の選択肢を増やすことや複数の働き方の組み合わせを行えるようにすることで，仕事の特性に応じて，仕事と子育てが両立しやすい働き方を選択できるようになる。この点についても同建議において，子が3歳までのテレワークの努力義務化や3歳以降就学前までの柔軟な働き方として2つ以上の選択措置義務化などが提案されている[15]。

　次に，利用可能な期間だが，未就学の子を持つ正社員女性を対象とした調査（三菱UFJリサーチ＆コンサルティング，2019）では，「小学校入学以降」も利用したいとする希望も少なくない[16]。育児期の短時間勤務制度については，制度利用が一般化する中で，大企業を中心に，法定以上に制度利用可能期間を長期化させる動きがみられる[17]。欧米では，子が12歳までは，子どもだけで留守番をさせることが法に触れる国もあり，そうした見方からは，小学校の間は子どもを1人にさせないための短時間勤務のニーズがあるともいえるし，中学受験等の教育目的でのニーズもある。ただし，期間の設定はニーズだけでなく，企業の人材活用策や女性社員のキャリア形成との関連で慎重に検討する必要があろう。

4　子育て期を通じたキャリア形成

(1)　復職後の仕事

　子育て後のキャリアが長期にわたることを考えると，育休等から職場に復帰した後の働き方の質が重要になる。

　復職後の仕事内容について，特に，短時間勤務者は「楽な仕事をしている」と揶揄されがちであるが，実際にどのような配分が行われているのか。また，その配分に関して，当事者はどのように感じているのだろうか。

　三菱UFJリサーチ＆コンサルティング（2017）では，短時間勤務制度利用者の業務内容・責任等が当事者の希望と一致しているどうかを，短時間勤務による業務等の変化別に調べている。調査結果によると，当事者の希望との一致度が最も高いのは，「業務内容・責任等はそのままで，業務量が減少した」場合である（**図表3-8**）。つまり，当事者にしてみれば，妊娠前と同様の職責を果

図表3-8　短時間勤務による業務の変化別　本人の希望度との一致度（女性・正社員）

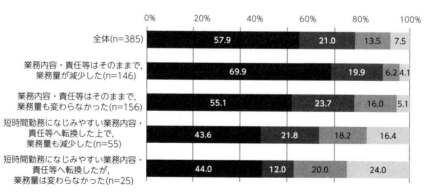

出所：三菱UFJリサーチ＆コンサルティング（2017）

たしつつ，時間の減少分，業務量を減らしてもらいたい，ということである。一方，希望との一致度が最も低いのは，「短時間勤務になじみやすい業務内容・責任等へ転換した上で，業務量も減少した」場合である。これは，短時間勤務という制度の特性からみれば，当然の考え方ともいえる。短時間勤務制度の利用においては，社内格付けにおける社員等級や職階が下がることはない。したがって，期待役割に変更があるべきではない。また，勤務時間が短くなることで，労働時間だけではなく，労働時間の削減分に比例して基本給を減額することが一般的である。したがって，給与が減額された分，業務量や目標が減らされるのは妥当といえよう。しかし，現実の企業の対応として最も多いのは，労働時間は削減されたが「業務内容・責任等はそのままで，業務量も変わらなかった」である（385人中の156人で40.5％）。このことは，管理職が短時間勤務者に割り振る業務量に関して，労働時間や給与の減少に対応した削減が行われていない事例が多いことを示唆している。

　こうした仕事配分等は，制度の運用面の課題である。課題としては，大きく分けて，「期待役割（仕事の配分）」「評価のあり方」「昇格・キャリア形成の考え方」がある。子育てによる時間制約期の働き方として，実際に活用されている制度としては，短時間勤務が多いことから，ここでは，育児期の短時間勤務を例に運用について考えたい。なお，育児期の短時間勤務制度利用者のマネジメントや評価については，先に触れた2023年12月の建議でも次世代法の一般事業主行動計画に盛り込むことが望ましい事項であると指摘されている。

⑵　期待役割（仕事の配分）

　企業の人事担当者を対象とした調査（三菱UFJリサーチ＆コンサルティング，2017）で，短時間勤務制度を運用する上での課題を聞いたところ，最も多い回答は「制度利用者に対する仕事の配分が難しいこと」であった[18]。

　短時間勤務制度利用者への仕事配分の基本的な考え方として，まず重要なのは，仕事内容は「上司である管理職が設定する」という点である。短時間勤務で仕事をスタートさせる際，上司との話し合いにおいて，労働時間設定の確認のみを行うケースが多い。しかし，本来は労働時間だけでなく，勤務条件や家

庭の事情（配偶者等親族の役割，通勤・移動時間，保育所・保育サービス事業所等の利用状況等）を踏まえて，割り当てる職務についても相談する必要がある。

　また，通常は減らした労働時間分の基本給を減額する設定となっているため，時間と給与が減っている分，業務量を削減する必要がある。この前提で本人と上司が話し合い，原則として「仕事の質は変えずに量を勘案する」ことを確認しなければならない。

　短時間勤務の実態として，フルタイム時と同様の仕事量が与えられる一方，限られた時間の中でその仕事にどう対応するかは制度利用者本人に任されている場合が多い。このことが，運用面での一番の問題である。労働時間や給与が減ったにもかかわらず，仕事量が減らないことに本人が不満を抱く結果，仕事が回らないときや結果が出せない場合に，能力発揮や組織貢献をあきらめざるをえないことにもなる。

　一方で，労働時間の削減に対応して業務量を削減しても，業務遂行に必要となる能力の水準については下げないことが重要である。例えば，これまで営業で顧客を持っていた人，チームリーダーやプロジェクトリーダーをしていた人には，それらの役割を続けてもらう。そうすることが，仕事と子育てを両立する短時間勤務制度利用者の，仕事に対するやりがいやキャリア形成に対する積極的な姿勢を引き出すことにつながる。

　「育児期の短時間勤務者は制度に甘えている」といった声も聞かれるが，むしろ管理職が，「育児中の女性の部下には両立のための配慮は必要だが，積極的に育成や活用をしなくてもよい」という誤った認識の下に，過剰な配慮をしている場合が少なくない。今後，育児に限らず，シニア層や健康上の課題などを事由として短時間勤務を利用する社員が増えていくと，管理職としてもできるだけ短時間勤務の社員の経験やスキルを活かさねばならないと考えるようになる可能性が高い。結果として，育児以外の短時間勤務利用の拡大がもたらす管理職のマネジメントの変化が，育児期の女性のマネジメントにもポジティブな変化をもたらす可能性があると考えられる。

⑶ 業務上の目標設定と評価

　短時間勤務者の目標設定と評価の基本的な考え方を，人事考課者である管理職に対して示していない企業が多い。管理職は，対応がわからないまま自分なりの考えで部下の人事評価を行っており，結果として管理職ごとに異なる評価方法になることが多く，そのことが制度利用者と周囲の同僚の不安や不満につながっている。人事考課には，業績評価，能力評価，情意評価の3つがあるが，ここでは，業績（成果）評価を取り上げて説明する。

　業績評価の前提となる業務上の目標設定については，仕事の配分と同じ考え方が適用できる。つまり，目標は「短時間勤務であることを考慮し，時間当たり生産性を基準とした設定」とし，その上で目標の達成度に関する評価については，同じ等級の通常勤務者と同一の評価基準・評価要素で行うことが基本となる。直属の上司による1次評価で，設定した目標に対する絶対評価を行う際は，短時間勤務制度利用が不利とならない仕組みが必要である。ただし，評価結果を賞与や昇進・昇格に反映する場合は，各企業における賞与や昇進・昇格の考え方によって対応方法が異なる。もともとの目標設定自体が低いことにより，同レベルの評価を得た通常勤務者と比較して，「組織貢献の度合いは低い」という位置づけになることがやむをえない場合もある。短縮時間に応じて減額した基本給をベースとして評価を掛け合わせるという賞与の算定方式も同じ意味合いを持つ。もちろん，短時間勤務利用者としての目標を超過して達成し，フルタイム正社員と同レベルの結果を出した場合，組織貢献度合いの点でフルタイム勤務者と同レベルと評価することも可能である。

　企業によっては，賞与の算定基礎となる基本給を減額しないケースもあるが，そうなると，管理職の心理としては，評価にその減額分を織り込んでバランスをとってしまいがちになる。結果的に賞与額は基本給を減額した場合と同水準になったとしても，本人としては，基本給減額分の影響で賞与が低いとされるよりも，評価が低いために賞与が低いとされるほうが精神的ダメージは大きく，「短時間正社員でいる限り，頑張っても報われない」との印象を持ってしまう。

　また，短時間勤務者に関する人事考課の考え方を明確にすると同時に，評価

の結果を本人にフィードバックすることも重要である。賞与に関する評価などでは，賞与額という結果しか見ていないために，どういうプロセスで決まっているかを知らず，不満を抱いている制度利用者も少なくない。評価の方針等運用ルールを研修等で明確に周知することで，管理職が自信を持って制度利用者に説明できるようになる。

　なお，人事考課のうちの能力評価と情意評価については，課題が多いものの研究が進んでいない状態であり，今後の研究の進展が待たれる。

⑷　昇格・キャリア形成の考え方

　両立支援制度を利用して就業継続する社員が増加する中で，そうした制度利用者のキャリア形成の課題について関心を高める企業も増えつつある。

　女性活躍推進法施行後は，女性の管理職登用の目標達成のために短時間勤務利用者にも管理職昇進の期待がかかり，女性社員のみを対象とした研修等も行われている。しかし，「管理職を目指せ」と言ってはいても，短時間勤務者がどのような要件を満たせば管理職になれるのかを説明していない企業も多い。

　長期的に，女性管理職が登用され続ける環境を整備するためには，管理職要件を整理し，短時間勤務制度の利用経験者がキャリアとして管理職を目指せる道筋を示すことが必要である。大前提として，短時間勤務制度利用者が短時間勤務のまま管理職になれるとするのか，フルタイムに復帰してから管理職に登用されるとするのか，といった方針を明確にする必要がある。もちろん，どちらも可能とする選択肢もあるだろう。従来の男性社員のキャリアモデル自体を見直すことも求められる。非管理職社員の業績評価において，フルタイムを基準として，同等の量的な組織貢献をすることが管理職への登用要件として必須であるとみなすのか否か，といった方針に関わってくる。また，特に，昇格について年功の影響が強い企業では，年次管理からいったん外れてしまうと上がりようがなくなってしまう場合もある。一方で，あまりにも年次管理が強いために，若手のうちは育休や短時間勤務利用の有無にかかわらず，同期とともに昇格できる場合もあり，それが周囲の反発という問題につながることもある。

　女性管理職を継続的に登用するためのパイプラインを構築するには，短時間

勤務者の期待役割や評価のモデルを確立し，短時間勤務を利用しながらも成長につながる仕事の機会を与え，キャリアアップを図ることが可能な道筋を作ることが必要である。短期的に女性管理職を増やそうとするあまり，できるだけ早くフルタイムに復帰してもらい，従来の男性型キャリアのルートに女性社員を無理に乗せようとする企業の女性活躍はうまくいかない。

　短時間勤務の必要性は，本人の意欲・能力にかかわらず，配偶者や親等のインフォーマルな支援体制等によっても異なってくる。そのため，短時間勤務を必要とする労働者の希望を考慮せずに，フルタイム勤務に戻ることを促すことは避けるべきであろう。短時間勤務者ができるだけ早く通常の勤務に本人の希望で戻れるようにするためには，制度利用中も仕事に対するモチベーションをあげるような仕事配分を行い，将来のキャリアビジョンを上司との間で共有すると同時に，フルタイム勤務自体の働き方を見直すことが求められる。長時間残業の削減や有給休暇の取得促進など，職場全体の働き方を見直した上で，在宅勤務やフレックスタイム等の柔軟に働ける仕組みをフルタイム勤務でも活用しやすくすることで，短時間勤務から通常勤務への移行が円滑なものとなる。

　両立支援の効果的な活用のためには，制度利用者とその上司に対する研修も重要である。上司への研修では，自社が時間制約社員を受け入れる意義を伝え，業務配分・評価・キャリア形成支援のマネジメントルールを理解させることが必要である。管理職の中には，「仕事に対してフルにコミットしていないのに，やりがいのある仕事をしたいというのはわがままだ」という考えを持つ人もいる。短時間勤務社員の仕事を過度に減らしてしまう理由の１つでもある。しかし，経営の視点としては，逆に，「長期休業や時間制約を受け入れるのだから，限られた時間の中でもしっかりと意欲的に働いて欲しい」「正社員として就業継続するのなら，マネジメント人材になって欲しい」と考えるほうが合理的である。管理職には，部下の支援というよりも，経営から与えられたミッションとして，時間制約社員に充実した仕事をさせる必要があることを伝えることが大切だ。

　他方，短時間勤務利用者など時間制約のある社員への研修においては，管理職研修と同様，短時間勤務であっても自社の社員としての活躍を期待している

ことを伝えることが大事になる。短時間勤務であることと仕事への意欲は関係がなく，短時間勤務であっても意欲的に働いて欲しいこと，上司と相談しながら積極的なキャリア展望を持って欲しいことを伝えるのである。また，出産前と異なり，仕事と子育てを両立する働き方の中で，効率的に働くためのタイムマネジメント等のスキルを提供することも有効である。

5　仕事と子育ての両立とダイバーシティ

(1)　悪循環を断ち切る

　かつての日本においては，女性の多くが「妊娠・出産を機に離職する」という実状があり，このことが多くの企業で，女性を「採用しない」，管理職が女性の部下を「育てない」といった，女性に対する統計的差別につながっていた。また，こうした企業や管理職のスタンスを踏まえて，女性社員自身も「管理職にならなくてよい」と受け止める，といった女性活躍における「悪循環」といえる状況があった。2010年代には正社員女性の多くが妊娠・出産で辞めなくなったが，働き方では短時間勤務など時間制約のある社員になっている。しかし現状では，この時間制約社員が，制約に応じた目標設定を課され，その目標設定に即して公正に評価をされ，従来の正社員とは異なる多様なキャリア形成のあり方が認められるという段階には至っていないため，従来の悪循環は断たれているとはいえない（**図表3-9**）。

　男女問わず，フルタイム勤務や残業ができない時間制約のある社員の配置・育成・登用に関して，できるだけ本人の積極的なキャリア形成につながるあり方を検討し，時間制約社員のキャリアが停滞しない状態を作り出すことによりこの悪循環を断つ必要がある。採用時から時間制約が生じる前までのキャリアにおける男女差は減少する企業も増えてきたが，依然残るキャリア形成の差は，仕事の性質にもよるが，時間制約が生じた際の対応ができていないことが影響している面が大きい。独身の女性は，社内のダイバーシティや女性活躍の課題は自分には関係ないと思いがちだが，時間制約社員の活躍が可能になることが

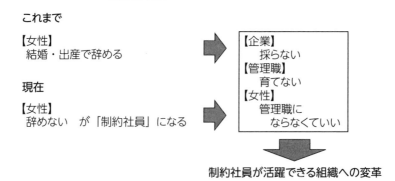

図表3-9 女性支援の課題の変化

これまで

【女性】
結婚・出産で辞める

現在

【女性】
辞めない が「制約社員」になる

【企業】
採らない
【管理職】
育てない
【女性】
管理職に
ならなくていい

制約社員が活躍できる組織への変革

ジェンダーギャップの解消につながることを，広く共有することが大切である。

(2) 変わる短時間勤務者像

短時間勤務制度導入当初は，「両立支援制度がなくても就業継続が期待できる層」を中心に，制度が利用されるケースが少なくなかった。短時間勤務であってもフルタイム勤務時と同程度の仕事をしていたり，職場の状況をみて残業をしたりすることも可能である人や，いわゆる一般職として時間で区切りやすい仕事を担っていた人などが多く，そのため，職場の同僚が短時間勤務者の仕事を肩代わりする程度も少なく，「効率よく働く人」として，むしろ職場から歓迎されている，という話が多く聞かれた。しかし，取得者が増えてきて，「短時間勤務がなければ就業継続が難しいであろう層」にも利用が拡大してきたことによって，短時間勤務制度の運用の難しさが表面化してきている。

短時間勤務制度がなければ就業継続が難しいであろう層の特徴は，いくつかある。まず，本人の意識の問題として，仕事と生活のバランスについて，常に仕事第一とは考えないタイプである。しかし，仕事に対する意欲が低いかというと必ずしもそうではない。子どもを持つ前に仕事に打ち込んでいたからこそ，子育てをしながら仕事をすることに不安を抱き，これまでのように仕事ができない分を，勤務時間短縮分の給与の控除という形で処遇を変えてもらうことで自分や周囲を納得させたいと考えている。生活については，子どもの生活時

間・質を重視して子どもの食事時間や睡眠時間を優先した生活を組み立てたいと考えている。また，親等の親族のサポートが得られない，場合によっては夫の協力も得られないため，保育園のお迎え時間に間に合うように帰らねばならないといった明確な時間制約があるという特徴もある。

　短時間勤務の「両立支援策」としての成果は，本来こうした「短時間勤務制度がなければ就業継続が難しいであろう層」が制度を利用することで，離職率が減少した点にある。三世代同居や近居の少ない東京など都市部で，正社員の共働きや，子どもを持ってもいわゆるベッドタウン地域に転出しないでとどまる層の増加といった変化も起きている[19]。ただし，これまで「仕事最優先」「急な残業要請にも対応可」という人を中心に構成されていた職場では，こうした層にうまく仕事を切り出すことや，数年にわたって短時間で勤務する人のキャリア展望を描くことができない。そこで，本章で紹介したような復職後の柔軟な働き方の制度やマネジメントの見直しが必要なのである。

　こうした取組みをしている企業では，時間制約社員の意識も徐々に変わってくる。筆者は同じ企業で育休復職者研修を何年も実施している。研修の対象者は当然毎年違うのだが，最初の頃は，「子育てをしながら働くだけで精一杯でキャリアアップは考えられない」という人が多かったのが，「せっかく正社員として続けているのだから評価されたい」「同期の男性と比べてキャリアが遅れていくことにジレンマを感じる」「キャリアアップできないのはおかしい」というように，徐々に，自分たちの実感として，もっと積極的にキャリア形成したいと主張する女性社員が増えてきている。もちろん，それは研修だけではなく，マネジメントや評価の見直しを行っているからこそ起こる変化である。

　女性活用やWLBを目標に掲げて短時間勤務制度を導入しても，制度利用を踏まえたキャリアデザインについて雇用主と本人双方に展望が持てなければ，本人や周囲のモチベーションダウンや職場内での軋轢が生じる。日本企業の低い管理職女性割合をみれば，もっと積極的な登用を進めるべきとの見方もあるだろうが，社員それぞれが納得のいく働き方を前提に，与えられる仕事や評価を通じてキャリアへの積極性を引き出し，結果として，継続的に女性のリーダーが生まれてくる組織を作ることが重要である。そうした変化が，長期的に

は高い管理職比率に結び付くのではないだろうか。

⑶　ダイバーシティ推進と仕事と子育ての両立

　先に述べたように，日本企業の従来の人事制度や働き方によって，仕事と子育ての両立支援に求められるものは異なる。働き方改革により，全社員の残業削減が行われ，新型コロナ感染予防対策で進んだテレワークなどといった働き方の多様性がさらに進めば，育児目的の短時間勤務制度の利用者が減る可能性がある。あるいは，利用したとしても，フルタイム勤務者との働き方の差が小さくなる可能性もある。また，短時間勤務制度も，育児期に限らず，介護・傷病治療や自己啓発との両立，定年延長によるシニア活用など，企業の様々な課題に対応して利用者が広がる可能性もある。そうなれば，活用目的にかかわらず横断的に見た，短時間勤務を含む制約社員のあり方が問われるようになるであろう。さらにいえば，短時間に限らず多様な働き方をする正社員が，職場でどのように協力し合って互いのWLBを確保しつつ，組織としての成果を出していくのか。また，働き方が多様な社員を公正に評価しつつ，それぞれの働き方をベースにキャリアの道筋をどう設定していくのか。育児期の短時間勤務に関する検討をきっかけに，ダイバーシティ（多様性）を実現する上での課題が明らかになるという側面もある。

　三菱UFJリサーチ＆コンサルティング（2017）では，「ライフイベントに応じて，多様な働き方をする時期があること」を前提として，キャリア形成を図るための人材育成や人事異動の施策をとっているかどうかを企業に聞いたところ，そうした施策をとっている，あるいは検討しているといった前向きな回答をした企業は，全体で５割弱にとどまっている（**図表３-10**）。そして，同数程度の企業は，いまだ，そうしたキャリア形成のあり方について「検討していない，検討する必要性を感じていない」「わからない」としている。

　こうした検討をせずに，子育てや介護事由による時間制約社員にだけ特別なルールを課していると，本当の課題がどこにあるのかが見えてこない。両立支援，WLBと働き方改革，女性活躍，さらにダイバーシティ推進がすべてつながらずに施策が検討されたり，対応がバラバラになされたりしている企業も少

<u>図表3-10</u>　正社員の多様な働き方におけるキャリア形成を可能とする人材育成・人事異動についての企業の考え方

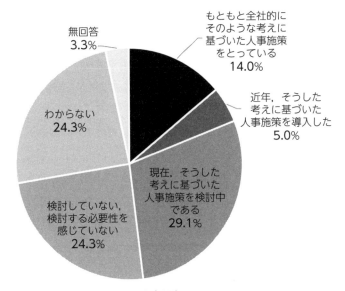

もともと全社的にそのような考えに基づいた人事施策をとっている 14.0%

近年，そうした考えに基づいた人事施策を導入した 5.0%

現在，そうした考えに基づいた人事施策を検討中である 29.1%

検討していない，検討する必要性を感じていない 24.3%

わからない 24.3%

無回答 3.3%

出所：三菱UFJリサーチ＆コンサルティング（2017）

なくない。

　逆に，ダイバーシティを前提に，すべての施策をつながったものとして考える企業では，先に述べたように働き方改革の推進によって両立支援として特別に実施すべきことが少なくなったり，キャリア形成の視点を入れた両立支援を実施することで女性活躍推進のための特別なポジティブ・アクションの必要性が減少したりする可能性もある。

　前述のとおり，新型コロナ感染予防対策をきっかけとして，全社員を対象としたテレワーク環境を整備する企業が増えた。全社員が対象になることで，ペーパレス化や押印の廃止等の取組みも進み，テレワークでできる仕事の質もあがってくる。また，上司が部下の労働時間の長さや残業できるかどうかなどを評価するのではなく，投入時間当たりの仕事上の成果で評価するといった評価制度・運用の見直しも進むことが期待される。週に1日程度のテレワークなどではなく，より頻度の高いテレワークが導入されることで，職場から離れた

地域に住むという選択もありえるようになり，そうなれば，転勤により勤務場所が変わっても転居の必要性がない働き方も実現できよう。その結果，勤務地限定制度といった雇用管理区分も必要がなくなるかもしれない。全社員の働き方の大きな変化が，仕事と子育ての両立や女性活躍のあり方に影響してくる。新型コロナの5類移行後，出社への回帰方針を示す企業も少なくない。だが，中長期的には，テレワークを含むハイブリッドな働き方が浸透していくと考えられる[20]。

　また，ダイバーシティ推進によって，企業として長期的に目指す組織像を明らかにすることも重要だ。両立支援の先に活躍を期待するとしても，現在の男性のキャリアモデルを維持したまま行うのか。そうであれば，育児期の休業や短時間勤務制度等の利用は男女の賃金格差や管理職比率の差を生む原因であり続ける。一方，男女ともに様々な事由で働き方が変化したり休業を取ったりする期間がありつつ，マネジメントキャリアだけでなく専門職キャリア等，複線的なキャリア形成を可能とする道もある。

　さらに，松繁・梅崎（2003）は「企業が教育・訓練や昇進昇格の年齢管理をやめること」の必要性を指摘するが，昇格における年功管理が大きく変われば，休業等により「昇格・昇進が遅れる」という概念そのものがなくなる。労働時間を考慮しない社員「1人当たり生産性」ではなく，社員の労働時間を考慮した「時間当たり生産性」が，個人の評価だけでなく組織の評価にも結び付くようになれば，時間制約の評価や昇格・昇進への影響も小さくなる。後者への転換は短期的には難しいかもしれないが，長期的にそこを目指すのであれば，男女ともに，より自由にライフイベントに合わせた働き方を選択することが可能となっていく。ただし，企業だけの取組みで実現するものではなく，地域社会や家庭における性別役割分業の解消により，女性だけが育児や介護事由で時間制約社員になるといったことをなくしていくことも必要になろう。

POINTS

◆　正社員女性の出産後の就業継続率は，育休取得率の増加等を背景に2000年代から高まり，2010年代には，妊娠・出産期の就業継続が一般

化した。企業の人事担当者も，2010年代前半に，結婚・出産を機に離職する正社員女性が減ったと認識しており，特にその変化は大企業で大きく，要因の１つとして短時間勤務制度の導入とその利用があるとみられる。

◆　正社員女性は，育休からの復職後の働き方としては，短時間勤務制度を利用する割合が最も高いが，女性活躍推進法施行前の2015年から新型コロナ感染拡大前の2019年にかけて，短時間勤務や所定外労働の制限といった時間短縮の制度利用はやや減少し，フレックスタイムやテレワーク利用が増加した。労働時間を短縮するだけでなく，働く場所や時間帯の柔軟化による仕事と子育ての両立の可能性が広がってきたとみられる。コロナ禍以降は男女ともにテレワーク利用割合が大幅に増加しており，今後，子育て期の働き方は，短時間勤務だけでなく多様化する可能性がある。

◆　短時間勤務や所定外労働の制限を活用して就業継続する女性が増加する一方で，企業は，育休から復職した社員の能力開発やキャリア形成支援への関心が弱く，フルタイムでかつ残業を前提とした正社員を主たる社員層とする人事制度やマネジメントが持続していた。そのため，短時間勤務など両立支援制度を活用している正社員女性は，能力発揮やキャリア形成が困難となり，いわゆるマミートラックにはまる者が増加し，また，周囲で働くフルタイム勤務の正社員との軋轢も高まった。

◆　女性活躍推進法の施行によって女性の支援課題が両立から活躍に拡大する中で，短時間勤務など両立支援制度を利用する正社員女性の能力発揮やキャリア形成を促すための環境整備の必要性を企業も認識し始めている。企業は，短時間勤務等の両立支援制度を導入するだけでなく，制度を利用する社員が能力を発揮し活躍できるよう，当該社員への仕事の配分，評価のあり方，昇格・キャリア形成の考え方等，制度の運用面の課題の解消に取り組む必要がある。

|注

1　三菱UFJリサーチ＆コンサルティング（2012）では，近年の取組みで，結婚・出産による離職者の減少に最も役立ったこととして，「短時間勤務制度を利用できるようになったこと」（48.0％）と「育児休業制度が取りやすくなったこと」（69.5％）が上位にあげられた。従業員規模1,001人以上の大企業では，「短時間勤務を利用できるようになったこと」が最も回答割合が高く，従業員規模1,000人以下では「育児休業制度が取りやすくなったこと」が最も高く，「短時間勤務」は2番目に高かった。

2　三菱UFJリサーチ＆コンサルティング（2019）では，非正社員女性では，同じ会社での就労継続を希望していた割合は80.2％，同じ会社で継続して働いている割合は54.0％となっている。ただし，調査時点で非正社員として回答している女性には，末子妊娠判明時には働いていなかった者も含まれており，末子妊娠判明時にも働いていた非正社員に限ると，就労継続を希望していた者のうち同じ会社で継続して働いている割合は7割近くになるとみられる。

3　育児休業取得率＝出産者のうち，調査年の10月1日までに育児休業を開始した者（開始予定の申出をしている者を含む）の数÷調査前年の9月30日までの1年間（※）の出産者（男性の場合は配偶者が出産した者）の数。（※平成22年度までは調査前年度1年間）

4　男性の育児休業取得率は，2005年の0.50％から2007年には1.56％へ上昇し，2007年にようやく1％を超えた。2022年は17.13％。

5　厚生労働省「雇用均等基本調査」では，女性の育休期間は，2015年度には「10か月〜12か月未満」が31.1％で最も高かったが，2021年度は「12か月〜18か月未満」が34.0％で最も高く，12カ月以上の割合は50.2％（2015年度34.2％）と半数に達している。

6　同じく「就業構造基本調査」でみると，女性の15歳以上人口は，2012年の5,740万人に対し2022年は5,706万人に減少，有業者数は，2012年の2,768万人に対し2022年は3,035万人，正規の職員・従業員は，2012年の1,030万人に対し2022年は1,272万人と，いずれも増加している。

7　これらの制度拡充は，今後法改正を経て行われる。

8　山縣・笠原・崔（1997）において，夜間保育所が普及しない要因として，「夜間保育を利用することに対する心理的問題，夜間保育所の内在的・外在的問題など」をあげている。ただし，同論文においては，こうした問題があるとしても，「保育に欠ける」ことは子どもの育ちにとって望ましくない状況であり，社会的保育として夜間保育の必要性があることも指摘している。

9　もちろん，子育てを男女が同等に担うならば，こうした働き方の希望が女性にのみ偏ることも減ると考えられる。

10　2012年の調査では，育休や短時間勤務を「法定上限までフルに利用した場合」の影響を聞いており，2017年の調査では，「自社の制度上限までフルに利用した場合」の影響を聞いている。

11　次世代法は2015年に10年延長，さらに2035年までの再延長の法案が国会に提出される予定。

12　2020年閣議決定の第5次基本計画では，達成できそうにないとして先送り（2020年代の可能な限り早期に）された。

13　厚生労働省『育休復帰支援プラン』策定マニュアル。(https://www.mhlw.go.jp/stf/
　　seisakunitsuite/bunya/0000067027.html；2022年11月28日アクセス)

14　これらの制度拡充は，今後法改正を経て行われる。

15　これらの制度拡充は，今後法改正を経て行われる。

16　三菱UFJリサーチ＆コンサルティング (2019) では，両立支援制度について希望した利
　　用期間は，女性・正社員は「末子の小学校入学以降」が24.1%となっている。

17　三菱UFJリサーチ＆コンサルティング (2019) では，育児短時間勤務制度を取得できる
　　子の年齢は，従業員規模が「1,001人以上」の企業では3歳を超える期間を設定している割
　　合が他と比べて高い。
　　「小学1年生～3年生まで」全体 (101人以上) 8.8%，1,001人以上28.3%
　　「小学4年生～6年生まで」全体 (101人以上) 6.0%，1,001人以上22.8%

18　三菱UFJリサーチ＆コンサルティング (2017) では，短時間勤務制度を運用する上での
　　課題は，全体では「制度利用者に対する仕事の配分が難しい」が37.6%で最も多い。

19　ただし，コロナ禍においては，子育て家庭が都市部から地方に移り住むといった動きも
　　起こったため，今後，どの程度都市部での共働きが定着するか，未知数な面もある。

20　短時間勤務等の両立支援に求められるものも，企業の従来の人事制度や働き方，今後の
　　ダイバーシティ推進方針等によって異なる。短時間勤務に限らず，多様な働き方をする社
　　員が，職場で互いのWLBを確保しつつ，組織として成果を出し，時間当たり生産性で評価
　　される。年齢・年功に寄らない昇進・昇格管理や複線型キャリアなど，より柔軟なキャリ
　　アの道筋が選択可能となる。こうした組織を指向すれば，子育て社員にだけ就業継続や
　　キャリア形成のための特別な支援をする必要性は小さくなると考えられる。

▏参考文献

厚生労働省『リーフレット「育児・介護休業法 改正ポイントのご案内」』。(https://www.
　　mhlw.go.jp/stf/seisakunitsuite/bunya/0000130583.html；2022年11月28日アクセス)

厚生労働省『「育休復帰支援プラン」策定マニュアル』。(https://www.mhlw.go.jp/stf/
　　seisakunitsuite/bunya/0000067027.html；2022年11月28日アクセス)

厚生労働省『女性活躍推進法特集ページ (えるぼし認定・プラチナえるぼし認定)』。(https://
　　www.mhlw.go.jp/stf/seisakunitsuite/bunya/0000091025.html；2022年11月28日アクセス)

厚生労働省『次世代育成支援対策推進法』。(https://www.mhlw.go.jp/stf/newpage_11367.
　　html；2022年11月28日アクセス)

厚生労働省 (2002～2021)『雇用均等基本調査』。

厚生労働省 (2022)『令和3年度雇用均等基本調査　調査結果の概要 (事業所)』。

厚生労働省 (2023)『今後の仕事と育児・介護の両立支援に関する研究会報告書』。

国立社会保障・人口問題研究所 (2022)『第16回出生動向基本調査 結果の概要』。(https://
　　www.ipss.go.jp/ps-doukou/j/doukou16/JNFS16gaiyo.pdf；2024年1月16日アクセス)

総務省 (2013, 2023)『平成24年・令和4年就業構造基本調査』。

武石恵美子・松原光代 (2017)「短時間勤務制度利用者のキャリア形成：効果的な制度活用
　　のあり方を考える」佐藤博樹・武石恵美子編『ダイバーシティ経営と人材活用：多様な働
　　き方を支援する企業の取り組み』東京大学出版会，pp.135-155.

内閣府男女共同参画局『ポジティブ・アクション』.（https://www.gender.go.jp/policy/positive_act/index.html；2022年11月28日アクセス）

内閣府男女共同参画局『男女共同参画基本計画』.（https://www.gender.go.jp/about_danjo/basic_plans/index.html；2022年11月28日アクセス）

内閣府男女共同参画局『仕事と生活の調和（ワーク・ライフ・バランス）憲章』.（https://wwwa.cao.go.jp/wlb/government/20barrier_html/20html/charter.html；2022年11月28日アクセス）

内閣府男女共同参画局『仕事と生活の調和推進のための行動指針』.（https://wwwa.cao.go.jp/wlb/government/20barrier_html/20html/indicator.html；2022年11月28日アクセス）

内閣府男女共同参画局（2007）『女性のライフプランニング支援に関する調査報告書』.

松繁寿和・梅崎修（2003）「銀行業における女性従業員の管理職昇進―キャリアと家庭，二者択一の局面」『日本労務学会誌』第5巻第2号，pp. 44-55.

松原光代（2012）「短時間正社員制度の長期利用がキャリアに及ぼす影響」『日本労働研究雑誌』No.627，pp.22-33.

三菱UFJリサーチ＆コンサルティング（2009）『平成19年度・平成20年度　女性のライフプランニングに資する学習支援普及プログラム作成調査報告書』（文部科学省委託）.

三菱UFJリサーチ＆コンサルティング（2012）『平成23年度　育児休業制度等に関する実態把握のための調査研究事業報告書（企業調査）』（厚生労働省委託調査）.

三菱UFJリサーチ＆コンサルティング（2016）『平成27年度　ポジティブ・アクション「見える化」事業　女性活躍推進に関する調査報告書』（厚生労働省委託事業）.

三菱UFJリサーチ＆コンサルティング（2017）『平成28年度　仕事と家庭の両立に関する実態把握のための調査研究事業報告書（企業アンケート調査結果・労働者アンケート調査結果）』（厚生労働省委託調査）.

三菱UFJリサーチ＆コンサルティング（2019）『平成30年度　仕事と育児等の両立に関する実態把握のための調査研究事業報告書（企業アンケート調査結果・労働者アンケート調査結果）』（厚生労働省委託調査）.

山縣文治・笠原幸子・崔英信（1997）「夜間保育所の新たな課題―第3回全国夜間保育園実態調査より」『大阪市立大学生活科学部紀要』第45巻，pp.189-197.

第 **4** 章

男性の子育てへの対応

　仕事と子育ての両立支援策は，男女双方の従業員にとって不可欠なものとなっている。しかし現実には，妊娠や出産を契機に仕事を辞めたり働き方を大きく変えたりするのは女性であり，子育て期を通じたキャリア形成は男女で大きな違いがある。これが女性の能力発揮やダイバーシティ推進の阻害要因になっているとの課題認識が高まってきており，男性の子育てに関する企業の取組みも活発化してきた。男性の仕事と子育ての両立というテーマを掘り下げることにより，子育てをしながら働くことが，女性だけでなく働く人の共通のテーマとして普遍化すると同時に，男性の中のライフスタイルの多様性=ダイバーシティを認識する契機ともなる。

　男性の子育てというと育児休業取得が注目されがちだが，育児休業は男性の子育ての1つの象徴に過ぎない。本章では子育ては長期間続くもの，ということを踏まえつつ，男性の子育ての現状と関連する政策や企業の取組みをみていくことで，人材活用の側面から男性の子育ての意義について考えてみたい。

1 男性の子育ての現状

(1) 男性の子育ての前提にある「男性のニーズ・必要性」

　男性の子育てを促進することの重要性を議論する際には，男性の子育てのニーズや必要性にどう対応できるのか，ということを基本に置くということを最初に明確にしておきたい。「男性の子育てのニーズや必要性」というのは，

時代とともに変化している。男性が主体的に子育てに関わるケースがごく少数であった時代には，子育てをしたい／する必要がある男性の状況は潜在化していた。しかし，共働きが増え，男性が子育てをすることを当たり前と考える人たちが増えてきた現在，子育てに積極的に関わりたい男性，あるいは関わる必要がある男性がマジョリティになっている。この男性サイドの変化が，男性の子育てを考える上で極めて重要であると同時に，これを議論の前提とすべきであろう。

　子育ては，誰かが担わなくてはならない「責任・義務」という側面があるが，それ以上に，限られた期間の中で子どもの成長を見守ることができるとともに自分も成長できる大切な機会という「チャンス・権利」の側面もある。仕事と子育ての両立を議論する時に，どうしても子育ての「義務」や「負担」に目が向きがちで，とりわけ男性の子育てにおいてはこの点が強調される。しかしそれ以上に，子育てに関わりたい人の「権利」を守り「期間限定の楽しいチャンス」を保障するという基本に立ち返って議論を始める必要があるだろう。

　男性の子育ての象徴といえる育児休業に注目すると，男性の育児休業取得率は長期間にわたり低迷してきたことから，男性の育児休業取得を義務づけるべきではないか，という議論が交わされることがあった[1]。しかし，子育てという極めて個人的な領域において，それを誰がどのように担うのかは，一義的には個々人やそれぞれの家庭の選択に委ねるべきである。一方で，個別企業が労使の話し合いによって男性従業員の育児休業取得を義務づけるということは，検討に値するテーマではあろう。その場合でも，人事管理において男性のみに制度利用を義務づけることの意味という点を明確にするとともに，女性が強制的に休業をする産後休業期間を踏まえた制度化を検討して，男女雇用機会均等の観点から問題が生じないように対応する必要がある。

　男性の子育てへの関わりを実質的に高めようとするなら，休業取得を義務づけるのではなく，男性の子育てへのニーズが高まること，そしてそのニーズが実現するようにすること，が重要なポイントとなる。

⑵　男性の子育ての現状

　子育てへの関わり方が男女で異なるのは，先進国に共通する事象である。しかし，日本の男性の家族や子育てへの関わりが先進国の中でも極めて低調であることは，様々なデータで明らかになっている。

　図表4-1は，有償労働（Paid Work or Study）と無償労働（Unpaid Work）の時間の男女間の違いを国際比較したものである。日本の女性に関していえば

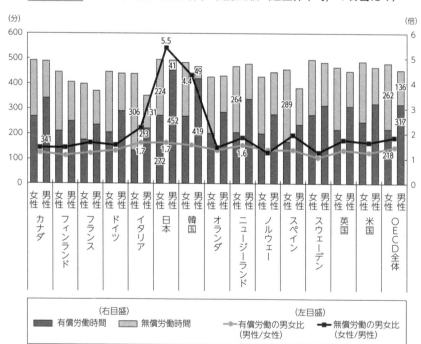

図表4-1　男女別に見た生活時間の国際比較（週全体平均，1日当たり）

注：1. 調査は15～64歳の男女を対象に，2009～2018年の間に実施
　　2.「有償労働（paid work or study）」は，「有償労働（すべての仕事）」「通勤・通学」「授業や講義・学校での活動等」「調査・宿題」「求職活動」「その他の有償労働，学業関連行動」の時間の合計
　　「無償労働（unpaid work）」は，「日常の家事」「買い物」「世帯員のケア」「非世帯員のケア」「ボランティア活動」「家事関連活動のための移動」「その他の無償労働」の時間の合計
出所：OECD（2020）"Balancing paid work, unpaid work and leisure" をもとに内閣府（2020）において作成

他の比較対象国と大きな違いはないが，日本の男性は有償労働が最も長く，無償労働が最も短い（有償労働時間が92％）という点で，他の国と大きく異なる特徴を示す。子育ては無償労働に含まれるが，日本の男性の無償労働時間の短さが顕著なために，無償労働時間の男女比は5.5倍と比較国の中で最も大きく，欧米の国と比べてこの数値の大きさが際立っている。

総務省「社会生活基本調査」(2021)により，6歳未満の子を持つ夫婦[2]の家事・育児時間（週全体平均）をみると，妻は1日当たり7時間28分を家事・育児に費やし，うち育児時間は3時間54分であるのに対して，夫はそれぞれ1時間54分，1時間5分で，この時間は増えてきてはいるものの，妻と比べてかなり短い（第1章 **図表1-3**参照）。夫の育児時間は，妻が有業の場合で1時間3分，妻が無業の場合で1時間6分と，妻の就業状態とは関連がないという点も明らかになっている。

このように，日本では平均でみた男性の育児時間が短いが，男性がおしなべて子育てへの関わりが少ないということではない。子育てをしない層がかなりの割合で存在している一方で，欧米並みに子育てをする男性も存在しているのである。総務省「社会生活基本調査」では，「行動者率」を把握することができる。育児の時間が15分未満の場合には育児をしていない「非行動者」と見なされる。6歳未満の子を持つ男性で育児の「行動者率（週全体）」は，2021年で半数程度，残る半数の男性が「非行動者」である。妻に育児を任せて自身はほとんど育児に関わらない男性の存在が，男性の平均育児時間の短さの背景にある。

⑶　両立支援制度利用の男女差

子育てへの関わり方が男女で大きく異なるのは，仕事と子育ての両立支援制度の利用の実態からも明らかである。両立支援制度の中核であるの男性の育児休業取得率は，低水準で推移してきた。近年になって取得率の上昇幅が大きくなり，2020年度には初めて1割を超えて12.65％となり，2022年には17.13％まで上昇してきた。しかし，女性の取得率が8割を超えていることと比べると大きな乖離がある[3]（**図表4-2**）。

図表4-2 男女の育児休業取得率

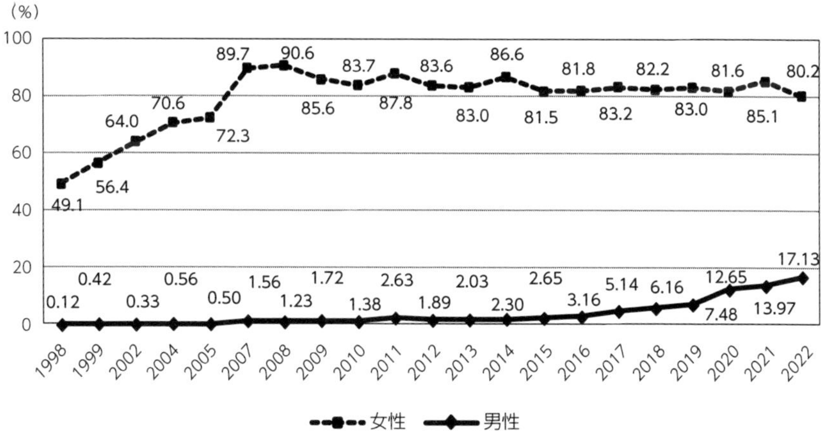

(%)

女性: 49.1 (1998), 56.4 (1999), 64.0 (2002), 70.6 (2004), 72.3 (2005), 89.7 (2007), 90.6 (2008), 85.6 (2009), 83.7 (2010), 87.8 (2011), 83.6 (2012), 83.0 (2013), 86.6 (2014), 81.5 (2015), 81.8 (2016), 83.2 (2017), 82.2 (2018), 83.0 (2019), 81.6 (2020), 85.1 (2021), 80.2 (2022)

男性: 0.12 (1998), 0.42 (1999), 0.33 (2002), 0.56 (2004), 0.50 (2005), 1.56 (2007), 1.23 (2008), 1.72 (2009), 1.38 (2010), 2.63 (2011), 1.89 (2012), 2.03 (2013), 2.30 (2014), 2.65 (2015), 3.16 (2016), 5.14 (2017), 6.16 (2018), 7.48 (2019), 12.65 (2020), 13.97 (2021), 17.13 (2022)

●—●—● 女性　◆—◆ 男性

注：2011年度の比率のみ，岩手県，宮城県および福島県を除く全国の数値
出所：厚生労働省「雇用均等基本調査」

　男性の育児休業に関しては，取得率のみならず，取得期間の男女差という問題も大きい。女性は子が1歳になるまでなど長期間にわたり制度を利用するのが一般的であるが，男性の取得期間はかなり短い。2020年度の男性の育児休業取得者のうち51.5％と約半数が2週間未満の取得である（厚生労働省「令和3年度雇用均等基本調査」）。

　さらに，育児休業制度以外にも，短時間勤務制度などの両立支援制度の利用は女性に偏在している。**図表4-3**は，育児のための両立支援制度に関して該当する制度を導入している事業所における男女別の利用状況をみたものである。多くの制度で「女性のみ利用者あり」という事業所が8割程度以上という現状で，男性の利用が比較的多いのは，「テレワーク（在宅勤務等）」（「男女とも利用者あり」と「男性のみ利用者あり」を合わせて40.1％），「育児の場合に利用できるフレックスタイム制度」（同32.5％）の2つで，いずれも総労働時間数を変えないで働き方を柔軟化する制度である。一方で，「短時間勤務制度」や「所定外労働の制限」など実労働時間の減少につながる働き方は，「女性のみの利用」となる傾向が読み取れる。

図表4-3 育児のための各制度の利用状況別事業所割合

(%)

	制度がある事業所計	利用者あり	男女とも利用者あり	女性のみ利用者あり	男性のみ利用者あり	利用者なし	不明
短時間勤務制度	100.0	17.0 (100.0)	(3.6)	(94.4)	(2.0)	82.9	0.1
所定外労働の制限	100.0	8.2 (100.0)	(2.5)	(94.4)	(3.1)	91.8	0.1
育児の場合に利用できるフレックスタイム制度	100.0	10.7 (100.0)	(18.5)	(67.5)	(14.0)	88.6	0.7
始業・終業時刻の繰上げ・繰下げ	100.0	12.8 (100.0)	(9.5)	(84.7)	(5.8)	86.9	0.3
事業所内保育施設	100.0	7.6 (100.0)	(20.1)	(78.1)	(1.7)	92.4	-
育児に要する経費の援助措置	100.0	10.6 (100.0)	(19.8)	(78.9)	(1.3)	88.8	0.7
育児休業に準ずる措置	100.0	8.5 (100.0)	(8.0)	(86.2)	(5.8)	91.5	-
テレワーク（在宅勤務等）	100.0	22.4 (100.0)	(29.3)	(59.9)	(10.8)	76.5	1.1

注：「利用者」は，調査前年10月1日から翌年9月30日までの間に，各制度の利用を開始した者（開始予定の申出をしている者を含む）
出所：厚生労働省「令和3年度雇用均等基本調査」

(4) 男性の現状とニーズのギャップ

6歳未満の子どものいる男性の家事・育児時間の短さや仕事と子育ての両立支援制度の利用の低調さの現状を確認したが，それは男性本人，さらにパートナーが望んだ結果ではないという点に留意しなくてはならない。前述のように，時代の変化とともに男性の子育てのニーズや必要性は変化してきており，カップルで子育てをしたい／しなければならないケースが増えている。

図表4-4は，仕事，家庭生活，地域・個人の生活の3つの領域のどれを優先しているか（現実），優先したいか（希望）を尋ねた結果である。現実には，女性は「『家庭生活』を優先」（39.9％），男性は「『仕事』を優先」（36.5％）という割合がそれぞれ最も高く，性別役割分業を反映した結果となった。しかし，希望に関しては男女差が小さくなり，「『家庭生活』を優先」と「『仕事』と『家庭生活』をともに優先」がトップ2となり，男性も，この2つの回答を合わせると5割を超えており，「家庭生活」を現在以上に優先したいという希望

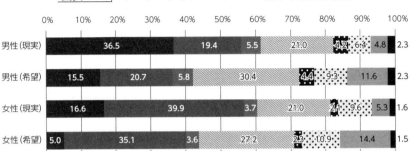

図表4-4 ワーク・ライフ・バランスに関する希望と現実

凡例：
- ■「仕事」を優先
- ■「地域・個人の生活」を優先
- ▨「仕事」と「地域・個人の生活」をともに優先
- ▨「仕事」と「家庭生活」と「地域・個人の生活」をともに優先
- ■「家庭生活」を優先
- ▨「仕事」と「家庭生活」をともに優先
- ⋰「家庭生活」と「地域・個人の生活」をともに優先
- ■ わからない

出所：内閣府（2019年）

　を持つ男性は多いといえる。特に，「『仕事』と『家庭生活』をともに優先」は，男女ともに現実に比べて希望での増加幅が大きい。

　子育てという場面に特化してみても，男性も子育ての責任を担っていくことが当たり前になりつつあり，さらに，積極的に子育てに関わりたいと考える男性も増えている。**図表4-5**に示すように，3歳未満の子どものいる正社員を対象に実施した子育ての分担に関する調査結果において，「自分が半分程度，配偶者・パートナーなどが半分程度担う」ことを希望する男性は45.1%で，最も回答割合が高くなっている。

　男性の育児休業の制度利用が少ない理由に関しては，収入への影響といった現実的な問題や職場の中にある意識や風土に根差した要因（佐藤・武石，2004），日本の社会規範（ブリントン，2022）などが指摘されてきた，。日本能率協会総合研究所（2023）のデータで確認すると，小学校4年生未満の子を持つ男性・正社員で育児休業を取得した割合は13.6%であるが，「使用したことはないが，利用したかった（利用したい）」が29.1%で，3割程度の男性が利用を希望しながら利用していない実態がある（**図表4-6**）。

104

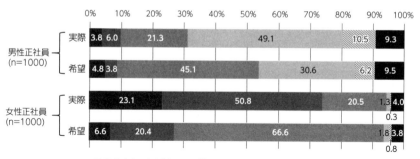

図表4-5 子育ての分担の考え方

■ 自分1人でほぼすべてを担う
■ 自分がほとんど担い，配偶者・パートナーなどが少し担う
■ 自分が半分程度，配偶者・パートナーなどが半分程度担う
■ 自分が少し担い，配偶者・パートナーなどがほとんど担う
▨ 配偶者・パートナーなどがほぼすべてを担う
■ わからない

注：調査対象は，3歳未満の子どもを持つ20〜40代の正社員男女
出所：三菱UFJリサーチ＆コンサルティング（2019）

図表4-6 育児休業制度の取得状況

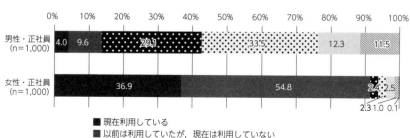

■ 現在利用している
■ 以前は利用していたが，現在は利用していない
■ 使用したことはないが，利用したかった（利用したい）
▨ 利用したことはなく，利用希望もない
■ わからない
▨ 制度がなかった
■ 無回答

注：調査対象は，小学校4年生未満の子の育児を行いながら就労し，約10年以内に妊娠・出産・育児
　　のために離職した経験のない労働者で，就労形態は末子妊娠判明時のもの
出所：日本能率協会総合研究所（2023）

　育児休業を取得しなかった理由は，男性の場合は「収入を減らしたくなかったから」（39.9％），「職場が育児休業制度を取得しづらい雰囲気だったから，または会社や上司，職場の育児休業取得への理解がなかったから」（22.5％），「会社で育児休業制度が整備されていなかったから」（21.9％），「残業が多い等，業務が繁忙であったから」（21.9％），など，収入減の要因に加えて職場の要因が理由の上位にあがっている（**図表4-7**）。

図表4-7　育児休業制度を利用しなかった理由（複数回答）

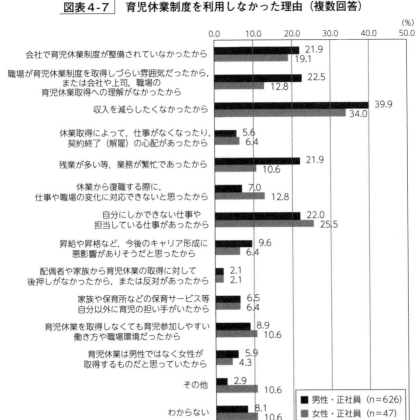

注：1．調査対象は，小学校4年生未満の子の育児を行いながら就労し，約10年以内に妊娠・出産・育児のために離職した経験のない労働者で，就労形態は末子妊娠判明時のもの
　　2．末子の育児のための育児休業において，「利用したことはないが，利用したかった（利用したい）」，「利用したことはなく，利用希望もない」のいずれかを選択した回答者が集計対象
出所：日本能率協会総合研究所（2023）

　子どもが産まれた時に育児休業取得を希望する男性は，2001年時点でも4割を超えており（佐藤・武石，2004[4]），その後育児休業を取得する男性は増えたが，同程度の男性が育児休業取得を希望しながら取得していない，あるいは取得できていないという状況に大きな変化はみられていない。

　このように，子育て役割を重視する男性が増え，自分で子育てをしたいと考える男性の意識が高まっているものの，その希望が実現できていない現状があるという点で，希望と現状のギャップが存在する。石井（2018）は，子育てに関わりたい男性たちは職場と家庭からの要請をどのように調整するかについて悩んでいる場合が多く，育児や家事をしている男性は仕事と家庭役割の二重負担を強いられれて不安やストレスを感じていることも多いと指摘する。ワーク・ライフ・バランス（WLB）が実現できないとワーク・ライフ・コンフリクト（仕事と生活の間での葛藤：WLC）が生じ，それによって職場の生産性向上が阻害されるなど，組織へのデメリットをもたらすことになる。

　一方で，育児休業や配偶者出産休暇制度などの制度を利用して仕事と子育ての両立ができた男性は，職場に対する帰属意識が高まるなどの効果があることもわかっている（長沼他，2017）。つまり，男性の仕事と子育ての両立支援は，男性が子育てに関わりたいという希望やライフスタイルに対応した重要な人事施策なのである。

2　男性の子育ての背景

(1)　経済成長と「父親不在」

　それでは，なぜ男性の子育てへの関わりは低調なのだろうか。

　日本の父親の子育ての歴史を紐解いてみると，「家」の継承に価値を置いた江戸時代には，父親が子どもの教育の責任を持っていたという点で，父親の役割が重要だったという太田（1994）の指摘がある。近代化が進む明治から大正にかけて，家事労働と市場労働が分離する性別役割分業が鮮明な「近代家族」が出現し，女性の中に家事労働をもっぱら担う「専業主婦」が登場する。しか

し当時は，それはごく一部の夫の収入のみで生計が立てられる富裕層に限定されていた。「近代家族」が日本で大衆化したのは第二次世界大戦後である。

　落合（1994）は，高度経済成長期に性別役割分業を基礎に置く「家族の戦後体制」が確立したという。戦後に家族の構造が安定するようになり，その特徴として女性の主婦化という点をあげている。社会制度においても，1961年に所得税における配偶者控除の仕組みが導入されたことに象徴されるように，家庭内や社会において性別役割分業体制が成立していることを前提にした様々なシステムが構築されていくことになる。戦後の社会政策をジェンダーの視点から捉えようとした横山（2002）は，性別役割分業型の家族は経済成長の産物であるとして，夫婦が仕事と家事・育児を分業しなければ家庭が成立しなくなる状況が生じたと指摘する。

　経済成長に伴う労働力需要の高まりは，社会全体として女性の労働力を求めていくという側面はあったものの，多くの女性労働者は男性労働者とは異なる位置づけがなされ，結婚までの短期勤続を前提にした労働力，もしくは子育て後の主婦が家計補助のために非正規の形態で再就職する労働者として扱われた。家庭内での主たる生計維持者は夫であり，妻は家事・育児に専念するというプロトタイプが急速に普及していったのが高度経済成長期であった。

　その後1970年代後半から，産業構造のサービス経済化や性差別に対する国際的な動きが活発化し[5]，1985年の男女雇用機会均等法の成立など雇用における男女平等に向けた動きが進むが，一方で，家庭内の役割分担のあり方については旧態依然とした状況が続いた。「男性は仕事，女性は家庭」という伝統的な性別役割分業から，「男性は仕事，女性は家庭と仕事」という形で，女性が就業機会を獲得しつつも主として家族的責任を担う状況が継続していくことになる。こうした状況は日本だけの特徴ではなく，Hochschild（1989）は，アメリカの共働き世帯の妻が，仕事から帰った後の家庭生活で「セカンド・シフト＝第二の勤務」に多くの時間とエネルギーを割いている実態を明らかにしている。

⑵　男性の子育てへの注目

　高度経済成長期の性別役割分業体制が揺らぎ始め，1990年代の顕著な少子化

傾向の下で主として女性の就業支援という観点から，1992年に施行された育児休業法（現在の育児・介護休業法）をはじめとする仕事と育児の両立支援策の整備と，保育政策等子育て支援策の充実化が進められた。しかし，1990年代を通じて，少子化傾向や子育て期の女性の就業状況に顕著な改善傾向はみられなかった。

　その後2000年前後から，少子化対策の焦点は男性の働き方の見直しや男性の子育てへの関わりを高めることに移っていく。政府や自治体による男性の子育てを促すキャンペーンをはじめとして，様々な対応が行われるようになる。「育児をしない男を，父親とは呼ばない」という厚生労働省のポスターが話題になったのが1999年であった。

　2002年に政府から示された「少子化対策プラスワン」は，「男性を含めた働き方の見直し」を前面に打ち出し，両立支援政策における男性の働き方の是正の重要性を明確にした。具体的には，「子育て期間における残業時間の縮減や休暇取得促進」などの施策が取り上げられ，男性の育児休業取得率の数値目標が示され，企業の意識を変えていく契機になった。その後，後述する育児・介護休業法における男性の子育て参画を高めるための制度改正が行われるなど，様々な施策が動員されていく。しかし，一連の政策を発動しつつも，男性の子育てへの参画が大きく変わるという状況には至っていない。

　子育てへの関わりが男女で異なるのは日本に限ったことではなく，先進国共通にみられることである。しかし，ジェンダー構造が強固な日本では，性別役割分業意識の変革は遅々として進まず，女性がもっぱら子育てを担う状況が継続し，社会の中のジェンダー格差が大きいまま現在に至っている。

　とりわけ注目されてきたのが，わが国の男性の恒常的な長時間労働と柔軟性の低い働き方である。男性の働き方改革の必要性は2000年頃から強調されてきたが，これを強力に推し進める働き方改革に関する法律が施行されるのは約20年後の働き方改革関連法（2018年公布）であり，働く場における改革のスピードが男性の子育ての必要性やニーズの拡大に対応してこなかったという問題があった。

⑶　男性の子育てを規定する要因

　男性の子育てを規定する要因として，石井（2013）は，家族社会学の観点から3つの要因と7つの仮説を提示している。

　まず1つ目の要因として「資源・勢力格差要因」があり，この要因から「相対的資源差説（Relative Resources）」と「時間的余裕説（Time Availability）」があげられている。これは父母の資源・勢力の違いに注目するものであり，「相対的資源差説」は夫婦の勢力関係が夫婦の資源と関連し，収入などの資源が少ないと「不利」な立場になり家事や子育てなどのアンペイドワークを担うようになるというものである。「時間的余裕説」は，自由な時間を多く持つほうが家事や育児を頻繁に行うというものである。

　2つ目は「意識要因」，つまり父親自身の意識に要因を求めるものである。この要因に関して，「性別役割分業観説（Gender Identity）」「父親アイデンティティ説（Paternal Identity）」「ジェネラティビティ説（Generativity）」をあげる。「性別役割分業観説」では性別役割分業観を理解し受け入れる程度に，「父親アイデンティティ説」では父親役割の重要性への認識の程度に，「ジェネラティビティ説」では次世代を育てることの重要性への認識の程度に，それぞれ注目する。「ジェネラティビティ説」は，父親の育児を規定する要因というよりも，父親が育児をすることによりジェネラティビティ観が高まるという点に注目されていたという。

　3つ目に，「ネットワーク・サポート要因」がある。この要因に関して，「家庭内需要説（Household Demands）」と「職場環境と慣行説（Workplace Environment and Practices）」があげられる。「家庭内需要説」は，家庭内で父親の子育てがどの程度必要とされるかという点に注目し，子どもの数や年齢，親との同・別居などが変数となる。「職場環境と慣行説」は，父親の職場の状況に注目するもので，職場の規模や両立支援制度の状況，職務満足度などがあげられる。

　以上の仮説はそれぞれ実証的な研究が蓄積されているものの，必ずしも一貫した結果が得られているわけではない。その理由は，1つの仮説で父親の育

児・子育てが低調な状況を説明できるものではなく，複数の要因が重なって男性の子育ての実態につながっていると考えられるためである。

3 男性の子育てはなぜ重要か

(1) 男性が望む父親役割

　近年，男性の子育てが注目されるようになってきた背景を整理したい。男性の子育ての重要性は，「男性は子育てをすべき」という視点で論じられることが多いが，前述のように，男性が子育てをどのように捉えているのか，という点を議論の出発に置くことが重要であろう。

　男性が子育てに関わっていないという実態は，男性が子育てに関わりたくないということを意味するものではない。家庭生活よりも仕事に傾斜した現状の生活構造に対して，多くの男性は問題意識や不満を感じており，男性の子育ての象徴ともいえる育児休業取得に関しても一定のニーズがありながら，それが実現していないという現状が存在している。子育てを含めた家庭生活と仕事の両方に関わっていきたいと考える男性は決して少数ではない。

　その先駆的な動きを，1980年に発足した「男も女も育児時間を！連絡会」（通称「育時連」）にみることができる。労働基準法では，女性に対して授乳を目的とする育児時間（1日2回，各30分以上）の請求を認めていたが，男性にはそれがなかったために，男性にも育児時間が必要であるという主張につながったのである。男性が自ら，育児をする時間付与を求めた運動として注目できる。

　伊藤（2018）は，1990年代は「男性問題」の時代になると発言してきたと振り返る。男性に変革を迫る要求が，女性の社会参画に伴う男性側の問題として外から起こると同時に，男性の働き方や生き方に対する男性内部からの問題提起として生じてきたというのである。長時間労働に代表される日本人男性の働き方の問題は，男性は弱みを見せてはいけないという「男らしさ」と関連していたために，男性の生活面に不安定性を生み出したと指摘する。

　ジェンダー構造の問題は女性側の問題としてフォーカスされることが多いが，一方の男性が優越的な地位を得てそこに安住してきたわけではない。男性も，ジェンダー構造の下で様々な課題に直面してきたのは事実である。男性は家庭よりも仕事を重視するというステレオタイプな見方は，男性のライフスタイルの選択を制約してきた。伊藤（2018）は，特に，サービスや情報が経済を動かすような方向に社会経済構造が変化する中で，男性の経済力が相対的に低下し，家庭や地域社会において「剝奪感」を抱いていると分析している。

　1980年代頃までは，男性が子育てよりも仕事を優先することは，社会的に当然のこととして受け止められ，多くの男性がその規範を疑念なく受け入れてきた。しかし，1990年代頃から女性の社会参画を促すという男女共同参画とは別の観点，つまり男性の生き方の多様性という観点から，男性が子育てに関与することの重要性が男性サイドからも提起されるようになった。こうした社会の動きは，男性のライフスタイルやキャリア志向に変化をもたらしてきた。男性が子育てに関わりたいという希望を持ちながらその希望がかなえられていないという現実を直視し，そのギャップを埋めることが急務となってきた。

⑵　社会的な意義

　男性の子育てに関しては，国などの社会政策や企業経営の視点からもその重要性が繰り返し言及されてきた。まず，社会的な意義については，男女共同参画社会の実現，少子化対策という2つの点を指摘したい。

a.男女共同参画の推進

　最初に，男女共同参画推進の視点からの意義を確認したい。ジェンダー平等は，国際的にも長い間重要な社会課題となっており，様々な国際機関においてあらゆる分野における男女間の格差を縮小させることの必要性が継続的に指摘されてきた。最近では，2015年の国連サミットで採択されたSDGs（Sustainable Development Goals）[6]が企業の経営活動を含めた社会活動に大きなインパクトをもたらしており，17のゴールの1つ（ゴール5）に「ジェンダー平等の実現」が掲げられている。

　わが国では，1999年に施行された男女共同参画社会基本法において，男女共同参画社会を「男女が，社会の対等な構成員として，自らの意思によって社会のあらゆる分野における活動に参画する機会が確保され，もって男女が均等に政治的，経済的，社会的及び文化的利益を享受することができ，かつ，共に責任を担うべき社会」（第2条）としている。その実現のために，男女の人権尊重を基礎に置き，男女が対等な家族の構成員として役割を果たしながら仕事や学習，地域活動等ができるよう，家庭生活における活動と他の活動の両立を重要な柱と位置づけている。

　しかしながら，子育ての負担が女性に大きく偏在している現状にあることは，すでに述べたとおりである。女性が主として子育て役割を担うことにより，妊娠や出産を契機に離職する女性が現在も一定数存在している。離職せずに就業を継続した場合でも，子育てのために長期の休業を取得したり，長期休業からの復帰後に短時間勤務制度や残業免除制度などを利用して働き方を変えたり，さらに日常の場面でも子どもの急な病気などで突発的に休暇を取得したりするなど，子育てに伴う仕事やキャリアへの影響が女性サイドで集中的に発生している。このために，子育て責任を主として担う女性は，不安定な労働力とみなされ，採用や配置・異動といった雇用管理の側面で，さらに職場の中で任される仕事や責任の程度という職場管理の側面で男女差を生んできた。この現状は，女性の能力発揮の阻害要因となるとともに，男女間の賃金格差をもたらすなどの男女間格差を温存することにもつながってきた。

　働く場における女性の能力発揮は男女共同参画社会の実現のための最重要課題であり，それを進める上で，家庭内における男女の役割分担を平等化していくことは表裏一体の関係にある。男性の育児等の時間が増えると女性の就業は促進されるのか，という点について，国際データにより明らかにしたのが松田（2005）である。5歳未満の子どもを持つ夫の家事・育児時間と30代前半の女性の労働力率との関連性をOECD諸国（11カ国）で国別に比較を行い，両者は正の相関関係があることを指摘している。

　ここで，夫の家事・育児の分担が妻の就業と関連していることについては，夫の家事・育児の分担が女性の就業の原因である場合と，結果である場合の両

方が想定できる（内生性の問題）。前者の因果関係が，女性の就業機会拡大のためには男性の家事・育児が必要という主張につながるが，後者の因果関係は，妻が就業していないので男性の家事・育児の分担が低くなるという現象を説明することになる。

　前者の因果関係を示すためには，夫の家事・育児の分担状況が，妻の就業状況などの影響を受けないこと（外生的であること）を前提にする必要がある。水落（2006）はこの点について，父親の育児時間に対して母親の育児時間や労働時間は外生的であることを示しており，夫婦が時間配分を調整して家事や育児をやりくりしている傾向はみられていないことを明らかにした。前述のように，男性の家事・育児時間は短いが，この傾向は妻の就業の有無の影響を受けないという点とも符合する結果である。また，中野（2015）では，夫の家事分担比率は外生的であることを確認した上で，夫の家事や育児への関わりが高まると，妻の就業率が高まることを示した。鶴・久米（2016）も，内生性をコントロールした上で[7]，夫の家事・育児への関わりが妻の就業，さらには正社員としての就業を促進することを明らかにしている。

　男性の家事・育児分担の長さが女性の就業に影響するという因果関係については，パネルデータを使った分析も行われている。それらによると，男性の子育てへの関与が高まると妻の出産時の離職が抑制できること（松田，2005[8]），夫の家事時間が長いほど妻の就業が高まること（馬，2006）が明らかになっている。

b.少子化対策

　男性の子育てへの関わりを増やすことの社会的な意義の2点目が，少子化対策という点である。

　Becker（1965）の家計生産に関するモデルでは，女性の就業機会が増え賃金率が上昇すると，子育てによる機会費用が増加し，出生率が低下すると考えられた。Beckerのモデルでは，夫婦をペアにした出生行動はモデル化されていないが，夫が子育て責任を分担すれば，妻の子育てに伴う機会費用が低下し，出生率にプラスの影響をもたらすことが期待される。

　藤野（2006）は，夫の家事育児分担が夫婦の追加予定子ども数を高める重要なファクターであることを明らかにしたが，特に，妻が専業主婦の場合や非正規就業で働く場合にこの関係がみられる一方で，妻が正規就業で働く場合においては，夫の家事育児分担度合いが追加予定子ども数に関連しないことも明らかになっている。

　水落（2010）は，日本を含む5カ国のデータを用いて，夫の育児分担が追加的な出生に対してどのような影響を与えるかについて分析を行った。その結果，日本，スウェーデン，韓国において，夫の育児分担が追加出生意欲に正の影響を与えていること，ただし，日本では夫の追加出生意欲を高めるが妻の追加出生意欲を高めるだけの効果はないことを明らかにしている。一方で，スウェーデでは夫の育児分担が妻の追加出生意欲に正の影響を与えていること，アメリカ，フランスでは夫の育児分担が追加出生意欲に与える影響は確認されていないこと，など，国による違いが明らかになった。このように国別，男女別に異なる結果が得られた背景には，妻の就業状況や夫婦の育児に関する認識の差などがあると考えられている。

　男性が子育てをすることは，追加的な出生意欲に何らかの影響を及ぼしており，出生率向上が期待されるが，その影響が国によって，あるいは世帯構成によって異なるという研究から，他の要因との組み合わせで出生率への貢献が異なることが示唆される。また，父親の子育てが，母親の育児のストレスを低めたり育児不安を軽減したりする効果があること，母親の育児不安が追加出産意欲を低下させることなどが明らかにされている（松田，2007）。さらに，男性が子育てをすることは，子どもの発達にもポジティブな影響があること（加藤他，2002）なども明らかになっており，男性の子育ては，家族関係の質的な側面にプラスの影響をもたらすことがわかっている。

⑶　人材活用面での意義

　男性の子育てが社会的に要請されるものであっても，企業組織の中でみると，従業員が仕事以外の役割に時間や労力が割かれてしまうことのデメリットは否定できない。従業員が仕事以外のことに注力することによる組織側のデメリッ

トが考えられるにもかかわらず，それでもなお企業組織として社員の仕事と子
育ての両立を支援することの意義は，大きく以下の4点に集約できるだろう。

　第一に，働く人のライフスタイルの変化に対応することが必要になっている
ということである。仕事と子育ての両立支援は，当初は女性の就業継続や再就
職支援を念頭に置いたものであったが，共働きの増加や男性の子育てに対する
社会的な見方の変化を受けて，男性が子育てに関わる必要性が高まっている，
あるいは積極的に関わりたいと考える男性が増えている，という変化に対応し
なくてはならない。

　そのため，企業組織として従業員の子育ての状況やニーズを適切に把握して
いかないと，効果的な人材活用ができなくなる。プライベートな事情を職場組
織に持ち込むべきではないという考え方は今でも残っているが，育児や介護の
責任を持つ労働者が増え，家庭の事情を職場が把握して対応しなければ，プラ
イベートな事情により仕事の生産性が低下したり，離職につながってしまうな
ど，人材活用に支障を来しかねない。子育ての責任を担っている男性部下が休
業や制約のある働き方などを希望してきたときに，その事情を理解せずに「男
性がなぜ子育てをするのか？」といったステレオタイプな見方で対応をしてし
まうと，効果的な対応ができないだけでなく，離職のリスクにもつながってし
まう。長沼他（2017）は，育児休業を取得した男性は，職場への貢献度や帰属
意識が高いことを明らかにしている。仕事以外の生活の状況は個々に多様であ
り，それを踏まえた人事対応，職場対応が必要になっている。

　第二に，企業組織として自社の女性の能力発揮を進める上で，当該女性の
パートナーである男性の子育てを含めた家庭への関わりを高めることが不可欠
になっていることがあげられる。これは，前述した社会的な意義の1つ目の
「男女共同参画の推進」とも重なる。日本社会全体において，潜在的な労働力
として能力発揮が十分とはいえない女性の活躍が重要な政策課題であり，それ
は個別企業においても同様に重要な施策と位置づけられる。

　仕事と子育ての両立支援策の充実化により出産後も就業を継続する女性が増
え，女性の採用や育成投資に前向きな企業が増えてきた。しかし，仕事と育児
の両立支援策を利用するのがもっぱら女性であると，企業による女性の雇用に

対してマイナスの影響があることが指摘されてきた[9]。男性が子育ての責任を
シェアすることにより，女性の子育てに伴うキャリアロスを最小限にして能力
発揮を進めることが可能になり，職場における女性の活躍推進策が効果的に機
能することとなる。例えば，短時間勤務制度を利用して毎日保育園に子どもを
迎えに行く女性は多いが，保育園の迎えを夫と分担すれば，忙しいときには残
業をして仕事の責任を果たすことができ，それによって子育て中も重要な仕事
を任されキャリア形成を図ることが可能になり，企業の女性活躍推進を円滑に
進めることが期待できる。

　第三に，仕事と子育ての両立支援が男女に共通のテーマとなることにより，
両立支援策の運用を含めた働き方改革やワーク・ライフ・バランス施策を効果
的に進めることができるということがあげられる。制度利用者の増加を契機に
業務分担のあり方や働き方を見直し，効率的な組織運営につなげる事例がでて
きている。

　例えば，女性がもっぱら両立支援策を利用している場合に，仕事と子育ての
両立がしやすい仕事，例えば責任が軽い仕事，顧客対応がない仕事，組織間の
調整が必要なく単独で完結できるような仕事などが割り振られることが多くな
る（武石・松原，2017）。この場合に，職場全体の仕事の進め方やマネジメン
トといったところまで見直すことには至らず，制度を利用する女性を特別扱い
することで対応が行われがちであった。しかし，男性が子育てをして両立支援
策の利用の当事者になっていくと，責任のある仕事に就いていることも多いた
めに，子育てをしているからと特別扱いをしていると業務に支障を来す。武
石・松原（2014）では，男性が育児休業を取得した職場では，部門の業務配分
を見直してより効率的な組織運営のあり方を検討するなど，職場にプラスの影
響をもたらしやすいことを示している。中里（2023）は，男性の育児休業取得
についての研究を通じて，男性が子育ての担い手となることにより，社会全体
での働き方の仕組みが転換する可能性，さらにはジェンダー構造を変えること
につながることを指摘する。

　人材活用面での4つ目の意義として，男性の役割拡張の側面に注目したい。
上記3つの意義が，従来の人事管理の仕組みの中で効果的な活用を進めるとい

う観点であるのに対し，ここで述べる「男性の役割拡張」は，ダイバーシティ経営推進において「個人内多様性（intrapersonal diversity）」の拡大につながる[10]という点でこれから重視されていく視点と考えられる。すなわち，男性が仕事以外の役割を自覚し，その経験を通じて職場に多様な視点や発想を提供することが期待される。また，仕事と子育てという両者とも重要な役割を遂行しようとすると様々な葛藤にぶつかるが，それを乗り越えることで他者の多様性に気づくことも可能になる。ダイバーシティ経営において，多様な経験や価値観は組織の価値創造につながるものとして積極的に受け入れられるようになっており，男性の子育て経験が広がることは，個人の経験の多様性の拡張として肯定的に受け止められていくだろう[11]。

4 男性の子育てを促す政策

(1) 育児休業の法制化と制度充実のジレンマ

　男性の子育てを促す職場環境整備に極めて強い影響を及ぼした政策が，1992年に施行された育児休業法（現在の育児・介護休業法）である。法の対象に男性を含めてスタートしたという点が画期的であった。しかし当初は，男性が対象になっていることの認知はそれほど高まらなかったのも事実である。育児休業法制定にあたっての課題意識は，主として女性の就業継続をいかに支援するか，という点にあり，法施行当初，男性の育児休業取得という点はそれほど重視されていたとはいえない。

　法施行後，同法は改正を繰り返してきたが，この間の法改正の目的には，2つのポイントがあった。1つは，女性の仕事と子育ての両立を図る上での障害を取り除くために制度内容を充実させるという点，もう1つが，男性の制度利用が低調な状況を改善するという点である。

　しかし，この2つの側面に目配りをしながら法律を見直すことは難しい。制度利用の大多数が女性である現実において制度拡充を進めると，さらに女性で制度利用が進み，それが女性活躍推進のブレーキになりかねないというジレン

マをもたらすことになる。OECD（2012）は，女性の育児休業取得が就業に及ぼす影響を，1970年から2010年の40年間にかけてOECD30カ国のデータから分析しているが，育児休業の長期化は，女性の就業拡大にプラスの影響をもたらす一方で，男女間の賃金格差にもつながる可能性を示唆している。このため，育児休業をはじめとする両立支援制度の利用をいかにして男性に拡大していくか，という点は各国共通の政策課題となってきた。

⑵ 男性の制度利用促進策

　OECD（2012）は，男性の制度利用を促すための施策として，育児休業の権利の一部を配偶者などに譲渡できない排他的な権利として制度化する仕組みと，休業中の所得保障の仕組みの2つを重視している。

　前者の育児休業の一定期間を父親に割り当てている国として，アイスランド（男性に育児休業期間の1／3を割り当てている），ノルウェー（同20％），スウェーデン（同13％）があげられる。これを少し変形させたものとして，父親が育児休業を取得した場合に，追加的な休業が付与される制度を導入している国もある。例えば，ドイツでは，父親が育児休業を2カ月以上取得する場合に2カ月の休業が追加で付与される仕組みとなっている。中里（2017）は，ノルウェーのように休業期間の一部を父母双方に割り当て，利用しないと休業の権利が消失する「クオータ」と，ドイツのように父親が取得すると期間が追加・延長する「ボーナス」とを区別している。

　男性の育児休業取得率が高いスウェーデンの制度を紹介したい[12]。スウェーデンの育児休業にあたる「両親休業」は，子が12歳に達するまでに両親合わせて18カ月が保障され，そのうち480日間（16カ月）は給付金が支給される。給付額は，390日は所得の約80％（上限あり），残る90日は定額（日額180クローナ）となっている。原則として両親それぞれが240日ずつ給付のある休暇を付与され，そのうちの90日はそれぞれの親に割り当てられたもので，もう一方の親への譲渡ができない制度となっており，この日数を増やしてきている。このように，父親だけが取得できる期間があることにより，男性の育児休業を増やす意図がある。2020年には，育児休業全取得日数に占める男性が取得した割合

は30％であった。

　後者の所得保障に関しては，その水準が低いと，制度利用に伴う収入ダウンが大きくなることを意識して，所得の低いほうが制度を利用することでダメージを小さくするという選択が行われることになる。結果として，収入が低い女性が制度を利用することの合理性が生じてしまうため，男性の取得促進のためには，一定の所得保障が重要となる。

　それでは日本の育児休業に関する政策の中で，男性の育児休業の取得促進策はどのように進められてきたのか。

　まず，所得保障の対応からみていきたい。1992年の育児休業法施行当初は，休業中の所得保障はなく，さらに社会保険料負担があることから，休業を取得すると社会保険の負担が追加的に発生していた。安心して休業を取得するために所得保障の仕組みは不可欠とされ，1995年4月から育児休業給付金制度が雇用保険制度の中に創設され，休業前賃金[13]の25％が給付されることとなり，同時に，健康保険と年金保険の本人負担分の免除が行われた。当時の育児休業給付金は，休業中に給付される「基本給付」が20％，職場復帰後継続して6カ月勤務した時点で給付される「職場復帰給付」5％に分かれていた。その後，育児休業給付金の給付率は，2001年に40％へ，2007年に50％へと引き上げられ，2010年には，職場復帰給付が廃止されて50％のすべてが基本給付として支給されることとなる。その後2014年には休業取得期間中のうち最初の6カ月間の給付を67％に上昇させる改正を行っている。

　この2014年の引き上げは，特に男性の育児休業取得促進を強く意図したものである。所得保障67％という水準は，社会保険料負担の免除や税負担（育児休業給費金は非課税）を加味すると，実質的には8割程度の所得保障が行われていることに等しく，子が1歳までの育児休業を母親だけが取得するよりも，父母で半年ずつ取得することの所得面でのメリットを大きくした。さらに，両親が14日以上休業を取得することを条件に，28日間を限度に給付を80％に引き上げることが見込まれており，それにより実質的な手取りの収入が減額にならず，さらに男性の制度利用が進むと考えられている[14]。

　UNICEFが，日本の男性に対する法的な育児休業制度の水準が世界一である

と報告したことが注目された（Gromada & Richardson, 2021）。日本の法的な育児休業制度は，両親双方に原則として子が1歳までの休業を保障し，その所得保障が平均で58％であることから，所得保障を100％にフル換算して男性の取得可能分を計算すると30.4週になる。このフル有給の期間の長さでランク付けされた結果，日本の制度が1位となったものである。

　中里（2017）は，日本の制度と他国の制度を丁寧に比較しているが，日本の制度の特徴として，育児休業が家族単位ではなく個人単位の取得を前提に設計されており，父母が同時に休業できるという点で制度利用に配偶者の状況による制約がない点をあげている。しかし，実際は母親が育児休業を長期間取得することで対応がなされているケースがほとんどであることから，父親が取得可能な期間はほぼ利用されないという意味では権利が放棄されたままであり，理論的には男性に手厚い日本の制度が，実態としてそれが活用されていない。

　もう1つの，育児休業を父親，母親に割り当てるという仕組みに関しては，2009年の育児・介護休業法改正において，「パパ・ママ育休プラス」が導入された。父母の両方が育児休業を取得する場合，休業可能期間が，子が1歳2カ月になるまで，つまり2カ月の延長ができる制度であり，中里（2017）の区分による「ボーナス」にあたる制度といえる。女性が長期間育児休業を取るのが一般的である現状から，この2カ月のプレミアム期間は父親のための休業という位置づけになる。

　同時にこの時の改正では，妻の出産後8週間以内に父親が育児休業を取得した場合には育児休業の再取得を認める（通常は1回しか認められない），労使協定により専業主婦の夫などを育児休業の対象外にできるという規定を廃止し妻の就業状態にかかわらずすべての父親の育児休業取得を可能にした，という改正も行われており，男性の育児休業取得促進を意識した内容となった。

　しかし，このような法改正の内容についての認知度は高いとはいえず，例えば，「パパ・ママ育休プラス」について「知っていた」という回答は，男性正社員で18.2％，女性正社員で32.2％に過ぎない（日本能率協会総合研究所，2021[15]）。

　さらに，男性の取得促進という視点と不整合を起こしているのが，保育所に

入所できないなど一定の理由がある場合に育児休業を延長できる制度で，2005年には子が1歳6カ月まで，2017年には子が2歳まで延長できることになった。これにより，一定の条件下で母親だけが最長2年間の育児休業を取得することが可能になり，父親の取得に対するボーナスである「パパ・ママ育休プラス」制度のメリットが，実質的に埋没してしまうという現状になっている。

　日本の制度は個人単位となっており，父母それぞれの取得の自由度が高いという点で使いやすい制度のように見えるのだが，実際には母親だけで最長2年間使いきることができること，つまり，父親が取得する積極的なメリットがない，という点に課題がある。制度の充実化を進めることにより，結果として女性だけが制度を利用して両立を図るという方向に実態が動いてしまうと，男性の子育ての出番がなくなっていくという矛盾を生むことにも留意しなければならない。

⑶　男性の取得促進のための育児・介護休業法改正（2021年改正）

　男性の育児休業取得率が低迷を続けることが，様々な社会的課題につながっているとの認識から，男性の制度利用を促進することを主たる目的として，2021年に育児・介護休業法が改正された。改正のポイントは以下の4点である[16]。

① 男性の育児休業取得促進のための子の出生直後の時期における柔軟な育児休業の枠組み「産後パパ育休」の創設（2022年10月施行）
② 育児休業を取得しやすい雇用環境整備および妊娠・出産の申出をした労働者に対する個別周知・意向確認の措置の義務づけ（2022年4月施行）
③ 育児休業の分割取得（2022年10月施行）
④ 育児休業の取得の状況の公表の義務づけ（2023年4月施行）

　第一の大きな改正点として，男性の育児休業に特化した制度「産後パパ育休」，つまり子の出生後8週間以内に4週間まで育児休業を取得できる制度の創設[17]があげられる。女性が子を出産すると産後8週間は産後休業で育児休業を取得しないため，この期間の育児休業の対象から出産した女性は除外される

ことから，男性の制度利用促進を念頭において法改正が行われた。「産後パパ育休」では，育児休業制度利用の申出が原則休業の1カ月前までとなっているものを2週間前までに短縮，休業を2回に分割可能，労使協定を締結している場合に限り労働者が合意した範囲で休業中に就業することが可能，といった形で，制度利用の簡便化，弾力化が図られた。休業中の就業を認めるのは育児休業の趣旨に合わないという議論もあったが，就労できるのは休業期間中の所定労働日・所定労働時間の半分という上限を設定し，労働者の申出・同意を前提にするなどの条件を付与して制度化が図られた。

　第二のポイントが，育児休業を取得しやすくするための環境整備の措置を事業主に義務づけたという点である。具体的な内容は2つある。1つが，育児休業を取得しやすい雇用環境整備として，研修の実施，相談窓口設置，制度利用事例の収集・提供，育児休業取得促進に関する方針の周知，の4つの措置の中から1つを実施することが義務化されたことである。もう1つが，本人または配偶者の妊娠・出産した旨を申し出た従業員に対して，個別に育児休業制度等の内容を周知し，制度の取得意向を確認することを事業主に義務づけたことである。男性が育児休業の取得を言い出しにくい点に課題があるとの現状に立ち，制度利用を申し出しやすくするための改正である。

　第三のポイントが，「産後パパ育休」以外の通常の育児休業（原則として子が1歳まで取得できる制度）の分割取得を可能にするということである。改正前は，子の出生後8週間以内に父親が育児休業を取得した場合にのみ分割取得が認められていたが，これを，育児休業期間を通じて2回まで分割できることとし，加えて，保育所に入所できない等の理由で休業を延長する場合の育児休業の開始日を柔軟化し（改正前は，1歳，1歳半の時点でのみ選択），夫婦で工夫しながら育児休業の取得を検討する幅が広がったといえる。

　第四のポイントが，労働者数が1,000人超の事業主に対し，男性の育児休業（育児目的休暇を含む）取得率の取得状況等について公表を義務づけるということである。数値公表は，「プラチナくるみん企業」のみ公表が求められていたが，改正により一定規模以上の企業は男性の育児休業取得率公表が求められることになった。

⑷　育児・介護休業法以外の政策対応

　育児・介護休業法以外にも，男性の子育てを促す制度がある。

　まず，2005年に施行された次世代育成支援対策推進法（次世代法）である。同法で，一定規模以上の企業や国，自治体等に対して，従業員の仕事と子育ての両立支援施策の実施や働き方の見直しのための取組みを促し，それにより次代を担う子どもの健全な育成等を目指すことを目的とし，そのための行動計画の策定と計画に基づく取組みを求めることとした。取組み等が一定の基準を満たした企業は，申請を行うことにより厚生労働大臣の認定（くるみん認定）を受けることができ，認定を受けると企業が自社の姿勢や取組内容を対外的にアピールできることから，認定制度は企業が次世代育成支援を進める上でのインセンティブとなってきた。

　この認定基準として，行動計画期間における男性の育児休業等の取得率が設けられている点が重要である。法施行当初は，男性の育児休業取得者が計画期間中に1人以上いることが基準となっていたために，これをクリアできずに認定を受けられない企業は多く，人事部などで上司が部下の男性に育児休業取得を働きかける例がみられていた。2015年からはさらに高い基準をクリアした企業に対する「プラチナくるみん認定」も行われ，2022年には男性の育児休業取得率の数値基準の引き上げ（7％から10％へ）に伴い「くるみん認定」よりも基準を緩和した「トライくるみん認定」が始まった（**図表4-8**）。

　この仕組みは，企業による男性の育児休業取得を促進するための取組みを後

図表4-8　くるみん認定，プラチナくるみん認定基準（男性の育児休業等関連）

	トライくるみん認定	くるみん認定	プラチナくるみん認定
（1）男性の育児休業取得率	7％以上	10％以上	30％以上
（2）男性の育児休業等・育児目的休暇取得率	15％以上，かつ育児休業取得が1人以上	20％以上，かつ育児休業取得が1人以上	50％以上，かつ育児休業取得が1人以上
（3）その他		男女の育児休業等取得率等を厚生労働省のウェブサイトで公表義務	男女の育児休業等取得率等を厚生労働省のウェブサイトで公表義務

注：1. 認定を受けるためには，（1）または（2）のいずれかを満たしていることが条件となる
　　2. 労働者数が300人以下の企業は特例があり，上記条件は300人を超える企業の条件
　　3.「育児目的休暇」とは，企業独自の育児を目的とした休暇制度のこと

押しする側面があったといえる。労働政策研究・研修機構（2021）によると，「男性従業員の制度利用が進んだ」という効果を指摘する企業は，行動計画策定と推進による効果に関しては34.2%，「くるみん」認定取得による効果に関しては21.7%となっている。また，「男性の育児休業取得率が上昇した」という効果を指摘する企業は，行動計画策定と推進による効果に関しては34.9%，「くるみん」認定取得による効果に関しては22.2%となっている。

　また，法律以外にも，男性の子育てを当たり前のこととして受け入れることへの意識啓発や社会的な機運の醸成も重要な政策として位置づけられてきた。

　厚生労働省では，「イクメンプロジェクト」を実施している。本プロジェクトは2010年から開始しており，男性が積極的に子育てに関わることができるムーブメントを社会で起こすことを目的に，経営者による「イクメン企業宣言」「イクボス宣言」など，関係者の主体的な取組みを促すための活動を実施している。これにより，男性の育児に関する男性本人および周囲，ひいては社会全体の意識改革が前進することが期待されている。

　また，内閣府においては，2015年から「さんきゅうパパプロジェクト」を展開している。これは，少子化対策の一環として，男性の配偶者の出産直後の休暇取得を促進することによって，子育てに男性がより積極的に関わるような状況を作るための取組みである。2015年3月に閣議決定した「少子化社会対策大綱」で，「男性の配偶者の出産直後の休暇取得割合」を5年後に80%にするという目標を掲げた。ここで，「男性の産休」とは，配偶者の出産後2カ月以内に半日または1日以上の休み（年次有給休暇，配偶者出産時等に係る特別休暇，育児休業等）を指している。この目標値は，2020年の「少子化社会対策大綱」にも引き継がれている。

5　人材マネジメントにおける対応[18]

(1)　法対応から人事戦略へ

　男性の子育てへの関わりを高める政策に呼応する形で，企業の取組みが進め

られてきた。育児・介護休業法への対応はもとより，次世代法などの国の政策は，企業の男性の子育てを促す施策の展開を後押ししてきた。

　近年では，共働き世帯の増加，WLBを重視する男性の増加などの社会的な変化を受け，男性が子育てをすることを前向きに受け止め，それを積極的に奨励する企業も増えてている。さらに，男性の子育てを推進する組織であることを対外的にアピールするために，例えば，前述のイクメンプロジェクトに対応する形で「イクメン企業宣言」をすることなどにより，自社の取組みをWLBを重視する若い世代に訴求する企業も増加してきた。少子化が進む中で労働力供給が先細りすることから，若者から就職先として選ばれる企業になることを重視する企業方針が，WLBを実現する人事制度の整備を後押しする要因になっている。前述した「人材活用面での意義」がまさに人事戦略の中に落とし込まれて，男性の子育てへの対応は重要な人事施策となっている。

⑵　男性の育児休業取得促進策

　企業の人事管理制度において対応が進んできたのが，男性の育児休業取得促進策である。もちろん育児休業の取得だけで子育てができるわけではないが，育児休業を取得した男性が，その後の育児を積極的に行うことが明らかにされてきている。Hass & Hwang（2008）は，スウェーデンで，父親の育児休業の期間が子育てとの関わりを増やすことを明らかにしている。また，Nepomnyaschy & Waldfogel（2007）によると，有給の育児休業の法律がないアメリカでも，子どもの出生後に休業する父親が一定程度存在するが，出生後の休業取得はその後の子育てへの関わりを高めることが指摘されている。

　男性が育児休業取得を躊躇する理由として収入減を指摘する傾向が強く，休業補填は男性の育児休業取得促進のための重要な施策と考えられた。このため，育児休業のうちの1週間や2週間という期間を切って所得をフルに保障するといった制度導入を行う企業がみられている。

　この制度を2005年という早い時期に導入したのが資生堂である。同社では，男性の育児休業取得促進を念頭に置いて，休業開始日から連続2週間以内の短期の育児休業を有給とする制度改正を行い，2005年度には男性10名が取得して

いる（内閣府，2006）。こうした制度導入は，男性の育児休業は短期取得を前提としているといった批判の声もあったが，男性が育児休業を取得できること，それを組織が奨励していることを社内外にアピールするという点で一定の意義はあったといえる。

　ただし，育児休業給付の給付率が25％という水準であった時には，一定の期間をフル有給にすることの効果は大きかったと考えられるが，給付率が上昇してきたことにより，その意義は相対的に低下したといえよう。現在の育児休業給付は，最初の半年間は67％が保障され，育児休業中の社会保険料免除や所得税等の非課税措置があることなどを考慮すると，賞与等を除けば実質的に8割程度の収入が確保される仕組みとなっている。この現実に対する理解が不十分という問題もあり，正しい制度の理解促進が重要といえる。

　男性の育児休業の取得促進策として近年目立つのが，「男性の育児休業取得〇％」といった数値目標を経営トップが掲げ，それをトップダウンで進める動きである。

　「取得率100％」という数値目標を掲げて取組みを進めた事例として，日本生命保険がある。日本生命保険では，2013年度から男性の育児休業100％取得推進の取組み（少なくとも1週間の取得を推奨）を実施し，実際に100％を達成してきている。松浦（2017）は同社が育児休業を取得した男性従業員を対象に実施した調査を分析し，以下の点を指摘する。育児休業を取得した男性の69.3％が「育児休業の取得は特に希望していなかったが，会社の方針なので取得した」と回答する一方で，「もし機会があれば，また育児休業を取得したいと思うか」という問には，「取得したいと思う」が77.6％と高い割合を示している。また，育児休業取得が，周囲との情報共有化，業務効率化への意識向上，職場に対する満足度の上昇など，働き方やマネジメントに好影響を与える経験の1つになっていることがわかっている。

　男性に育児休業を義務付けるような強力な推進策は，労使合意の下に実施するのであれば制度利用促進の1つの選択肢であり，こうした施策が，男性の制度利用の環境を変え，潜在的なニーズを引き出す契機として効果があるといえそうである。こうした現状を踏まえると，育児休業の取得促進策は，男性が子

育てに主体的に関わる契機となりうることを踏まえた対応策が求められる。

　父親のための休暇制度としては，育児休業制度の他に，企業が任意で導入している「配偶者出産休暇」などもあり，子どもが産まれた時に休暇が取得できる制度の活用も重要である。

⑶　働き方改革の推進

　男性の育児休業等の制度利用促進策は職場が進めるべき重要な施策であることは間違いないが，育児休業制度利用などを1つの契機として，男性が長期的に子育てに関わることが目指すべき姿である。仕事と子育ての両立支援策が単独で効果をあげることには限界があり，他の施策，特に働き方改革とセットで進めることの重要性は，女性の場合にも指摘されてきたことである。

　男性の子育への関わりを高めるための働き方改革については，2つの視点を指摘したい。

　1つは，男性のWLBを実現するという視点である。繰り返し指摘してきたように，日本の男性の育児への関わりが低迷してきた背景にあるのが，長時間労働や少ない有給休暇取得といった現状であり，こうした課題に直接的に働きかける施策が重要になっている。アメリカでは夫の自由時間が増えてもそれが子育てに直接影響を及ぼすとは限らないという研究結果があるが，日本では労働時間短縮の重要性を支持する研究が多い（石井，2013）。

　これに関して永井（2001）は，夫の労働時間が育児遂行に強い影響を及ぼすことを明らかにし，特に，夫の育児が増えるのは，労働時間が1日10時間未満のケースであることを示している。また，松田（2002）は，父親の時間的余裕が「父親の育児協力」を促進する要因として重要であり，「父親の育児協力」は，平均的な帰宅時間が21時を過ぎると減少することが明らかになっている。一方で，帰宅時間が早いと「育児協力」が高まるという関係がみられないことも明らかにしており，時間的な余裕と「育児協力」が単純な相関関係にないことも指摘している。酒井（2006）も，夫の労働時間が長くなると，家事・育児の分担比率が低くなり，労働時間の削減が男性の家事・育児の分担を促進する効果があるとしており，特に，夫の深夜（午後10時〜午前5時）勤務の頻度が

128

高い場合に，家事・育児分担の比率が低くなる傾向があることを示した。

Hochschild（1989）は共働き世帯の妻の「セカンド・シフト＝第二の勤務」に注目したが，石井（2018）は，男性の「二重役割負担」，すなわち大黒柱としての役割が強調されるのと同時に，育児・家事の役割も担わなければならない風潮に注目する。男性の子育てが増え続けていけば，これまで多くの働く母親が経験してきた「仕事も育児も」の問題に父親も直面することになる。特に，仕事からの要求が大きい男性にとって，仕事の量や進め方などに関わる働き方改革は極めて緊急性が高い課題といえよう。

2つ目の視点は，カップルで育児を行うことを踏まえたアプローチである。働き方改革で残業をなくすことができれば理想だが，簡単ではない。現実的な対応として，カップルの働き方の組み合わせで考えてみることが効果的である。

労働政策研究・研修機構（2014）は，男性労働者の育児ニーズをヒアリング調査により明らかにしており[19]，家庭での役割に応じて男性の子育てのニーズは多様であることを指摘する。例えば，共働きで家事・育児をシェアしている場合に，平日の仕事と家事・育児の物理的なやりくりの必要性が，妻だけでなく夫にも生じることになり，男性が平日にも育児の時間を確保する必要が生じる。

平日の時間のやりくりをカップル単位で考えてみたい。働き方改革の取組みでは，「20時一斉退社」といった施策を実施する企業は多い。これは，長時間労働を削減するという点では一定の効果があるかもしれないが，カップルがともに子育てをしているケースを想定すると，この取組みでは子育てに対応することは難しい。子育てをしている場合に必要なのは，毎日20時に退社できることではなく，保育園に迎えに行く日は定時退社ができることである。これをカップル単位で考えれば，平日の子育ての担当をそれぞれ決め，自身が担当の時には残業をしないで定時退社ができ，そうでない日には仕事を終わらせるために必要な残業ができる，ということが現実的な対応となる。こうした子育ての分担を前提にして，働き方の対応策を考えることが必要である（佐藤，2022）。

さらに，近年拡大してきたテレワークにより，働く時間と場所の柔軟性や裁

量性が高まれば，カップルで子育てを分担することの選択肢は各段に増えることになる。また，労働政策研究・研修機構（2014）においては，転居を伴う転勤の問題も指摘されている。転勤による単身赴任の発生は，男性にとって仕事と子育ての両立が困難になることから離職につながる可能性が示唆されており，転勤政策の問題も直視すべきであろう[20]。

⑷　男性の子育てに対する意識改革，風土醸成

　仕事と子育ての両立のための様々な制度が導入されても，それが円滑に運用されるためには，経営層，職場メンバーの意識，さらに子育てをするカップルの意識が重要である。

　労働政策研究・研修機構（2020）は，男性の育児休業の取得に積極的に取り組む企業13社の事例分析を行い，「トップからの発信」「個別の取得勧奨」「風土醸成・情報共有」が対象企業のほとんどで実施されていることを確認している。特に効果的な取組みとして，男性本人や上司等への働きかけ，勧奨をあげる。具体的には，男性の育児休業取得者を社内報で紹介する，子どものいる男性の懇親会を組織するなど，子育てをする男性のポジティブなイメージを社内にアピールすることにより，男性が子育てに主体的に取り組むこと，周囲の上司や同僚の理解促進が進められている[21]。

　上述した男性の育児休業取得を奨励する取組みが，男性の子育てのニーズを喚起しているという側面もある。また，女性活躍推進の取組みを進めることで，男性が自身のパートナーのキャリアをあらためて考える機会になるという側面もある。21世紀職業財団（2022）では，職場の女性活躍推進の取組みが，カップルでともにキャリアアップを目指そうとする意識を高めることを明らかにしている。女性活躍支援や両立支援などの施策において，男性の子育てをどのように位置づけて発信するか，という点も重要であろう。

　男性の子育てに関しては，パートナーである女性への働きかけも重要になる。共働きで妻だけが育児休業などの制度利用をしていると，妻の勤務する企業は夫の勤務する企業に比べて世帯の育児コストを過重に負担することになり，子育て負担を企業間で平準化するという視点が必要になる。**図表4-5**で示した

ように，正社員の女性で子育ては自分の役割と考える割合（「自分1人でほぼすべてを担う」または「自分がほとんど担い，配偶者・パートナーなどが少し担う」を「希望」する割合の合計）は27.0％を占め，「実際」では3/4にのぼる。女性が，子育ては当然自分の役割であると考えている状況があるとすれば，そうした女性の意識に対しても，パートナーとともに子育てをするという意識改革を進める必要がある。

6 男性の「子育て」のこれから

　子どものいる男性が同じように子育てをしたい/しなければならないと考えているわけではなく，男性の子育てニーズは，妻の就業の有無など妻の状況や，家族や子育てに対する男性本人さらにはカップルの意識や価値観によって多様性がある。女性の就業意識が多様であるのと同じような構造が男性の子育てにおいてもあてはまりそうである。

　ただしこれまでは，子育てをしたい/する必要がある男性は少数派と考えられてきたが，現在そして今後は，そうした男性が多数派になり，2人で子育てをするカップルがマジョリティになっていくだろう。

　労働政策研究・研修機構（2014）では，近年男性が子育てに関わる事例が増えてきたが，多くは「週日は妻が，週末は夫が育児」といった育児スタイルであるとしており，これを「男性二重役割型」と呼んでいる。このパターンでは，夫は家事や子育てに積極的に関わるものの稼得役割意識が強く，妻は「性別分業型」の育児社会を前提としつつ父親に育児遂行を要請しているとみることができる。しかし，これからは，夫と妻の双方が家計の経済的責任を担うと同時に，家事・育児も極力平等に分担するというカップルが増え，子育てのために仕事のやりくりが必要になる男女が増えることは確実である。それを前提に男性の子育てに対応することが不可欠である。

　また，男性の子育てを促進するための政策が積極的に展開されてはいるが，例えば育児・介護休業制度においては，全体として男性の子育てを後押ししながらも，保育園の入所ができない場合などには母親だけで最長2年間の休業が

可能になるなど，全体の設計において整合が取れていない施策もある。こうした制度は制度利用者の意識も重要であり，男性の制度利用策だけでなく，カップルとして職業キャリアを形成するためにはどのような制度利用が効果的なのかを考えるための施策の充実も待たれるところである。

　育児休業取得の点でいえば，近年取得率は上昇しているが，問題は男女で取得期間に大きな差がある点である。スウェーデンでは，男性の育児休業の取得状況を「全育児休業日数に占める男性のシェア率」という観点で，取得日数も加味した指標でみており，この割合が，制度創設時の1974年の0.5％から2021年には29.6％[22]まで上昇している。スウェーデンでは，このシェア率が40％以上になることを育児休業が男女でほぼ平等に配分されているものとみなしている。日本でも，育児休業の取得人数だけでなく，総取得日数に占める男性の割合という視点も重視すべきであろう。

POINTS

◆ 男性の子育ての議論の前提として，子育てをしたい/しなければならないと考える男性が増えているということが大切である。この男性のニーズを実現する，それによってさらに男性の子育てのニーズが高まる，という循環を作り出すことになる。

◆ 日本の男性の子育ての現状は低調で，先進国の中でも女性の子育て負担が大きいことが明らかである。しかし，それは男性に子育てのニーズがないからではなく，家庭を優先したい，パートナーとともに子育てをしたいと希望する男性が多いにもかかわらず，そのニーズが様々な状況の中で実現していないためである。この希望と現実のギャップに注目する必要がある。このギャップの背景には，根強い性別役割分業意識や長時間労働に象徴される働き方の問題がある。男性の子育てに関する施策は，この希望と現実のギャップを埋めることが重要である。

◆ 男性の子育てについては，社会的には男女共同参画社会の推進，少子化対策という重要な意義が指摘されてきた。さらに企業組織においては，男性従業員の希望に適切に対処して離職などの人事管理面でのリスクを

減らし従業員の意欲を高める，女性の能力発揮を進める，両立支援策が
男女共通のテーマになることで働き方改革が効果的に進む，男性の役割
拡張が期待できる，といったメリットがあげられる。

◆　男性の子育てを促すために，育児・介護休業法をはじめとした法政策面
　での対応が行われている。2021年の育児・介護休業法改正は，男性の
　育児休業取得促進を意識したものであった。次世代育成支援対策推進法
　においても，認定を受けるための条件として男性の育児休業取得率が設
　定されており，こうした政策が男性の育児休業の取得率を高めてきた。
　企業組織においても，男性の子育ての意義についての認識が高まり，男
　性の育児休業取得促進策に加えて，働き方改革や社内の意識や風土醸成
　のための取組みが進められてきた。

注

1　男性の育児休業の義務化については，2019年6月に自民党で「男性の育休『義務化』を
　目指す議員連盟」が設立されるなどの動きがあった，

2　「夫婦と子どもの世帯」の類型に限定した数値。

3　ただし，女性の育児休業取得率は，出産時に就業している女性に占める取得率であるこ
　とから，出産時点で無業の女性が反映されていない点に留意が必要である。

4　ニッセイ基礎研究所「男性の育児休業取得に関する調査（個人調査）」（厚生労働省委託
　調査，2002）のデータ。このデータは，6歳未満の子どもを持つ有配偶者で，男性は正規
　雇用者を対象に実施したものである。

5　国連が1975年の総会で，1976〜1985年を「国連婦人の10年」とすることが決定され，女
　性の地位向上のための国際的な議論が高まり，制度改正に向けた取組みが活発化していっ
　た。

6　2015年に国連で開催された「持続可能な開発サミット」で，日本を含む国連加盟国193
　カ国の首脳が全会一致で決定となり，2030年の達成期限までに，17のゴールと169のター
　ゲットにすべての国が取り組むことを約束した。

7　鶴・久米（2016）では，夫の性別役割分業意識，夫の働き方を操作変数として内生性を
　コントロールしている。

8　松田（2005）の分析結果では，夫の分担率を40％以上（夫婦でほぼ半々の分担）まで高
　めると，妻の就業継続が容易になるとしている。

9　経済産業省（2005）では，育児休業取得率の高い企業で女性雇用比率，女性採用比率が
　低いことを指摘しており，また，育児休業制度が女性雇用にネガティブな影響を及ぼす可
　能性を示す研究として森田（2005）などがある。一方で，武石（2006）は，両立支援の制

度導入は女性雇用には有意な影響を与えていないことを指摘している。

10　「個人内多様性（intrapersonal diversity）」への注目は，本シリーズの武石（2022）において議論しているので参照されたい。

11　中里（2023）も，男性育休のテーマが，個人の多様な選択を可能にする社会というテーマにつながると指摘する。

12　スウェーデンの制度は，高橋（2021）を参照した。

13　「休業前賃金」は，具体的には，育児休業開始前6カ月の賃金を180で除した賃金日額を算定基礎とする。

14　育児休業給付率の引上げは，法改正を経て行われることになる。

15　同調査の対象は，3歳未満の子を持つ20〜40代の男女である。

16　男性の制度利用促進の他に，有期雇用労働者の休業取得要件の緩和が行われたが，ここでは触れない。

17　本制度は，男性と養子を迎える女性が対象となるが，ここでは男性に特化して議論をする。

18　本章では，男性の子育てに特化した施策を取り上げ，女性にも共通するテーマは本書の第3章を参照されたい。

19　ヒアリング対象は，小学生以下の子どもを持つ男性24名である。

20　転勤政策の課題は武石（2017）に詳しい。

21　ブリントン（2022）は，これと反対の現象を「多元的無知」と呼び，日本で男性の育児休業が進まない要因としている。「多元的無知」とは，個々の男性は育児休業に肯定的であるにもかかわらず，他の男性が否定的な意見を持っており自分は少数派だと思い込んで，自分の考えに従った行動をとることを抑制してしまう状況を指している。

22　スウェーデンの社会保険庁データ（Försäkringskassan Statistik）より。

| 参考文献

石井クンツ昌子（2013）『「育メン」現象の社会学』ミネルヴァ書房.

石井クンツ昌子（2018）「育児・家事と男性労働」『日本労働研究雑誌』No.699，pp.27-39.

伊藤公雄（2018）「剥奪（感）の男性化　Masculinization of deprivation をめぐって―産業構造と労働形態の変容の只中で」『日本労働研究雑誌』No.699，pp.63-76.

太田素子（1994）『江戸の親子―父親が子どもを育てた時代』（中公新書）中央公論社.

落合恵美子（1994）『21世紀家族へ―家族の戦後体制の見かた・超えかた』有斐閣.

加藤邦子・石井クンツ昌子・牧野カツコ・土谷みち子（2002）「父親の育児かかわり及び母親の育児不安が3歳児の社会性に及ぼす影響―社会的背景の異なる2つのコホート比較から」『発達心理学研究』Vol.13，No.1，pp.30-41.

経済産業省（2005）『男女共同参画に関する調査―女性人材活用と企業の経営戦略の変化に関する調査』.

酒井計史（2006）「育児期における男性の家事・育児分担―分担の現状と男性の家事・育児分担を促進するための課題」労働政策研究・研修機構『労働政策研究報告書No.64　仕事と生活の両立―育児・介護を中心に』pp.126-144.

佐藤博樹（2022）「ダイバーシティ経営の土台としての働き方改革と『境界管理』」佐藤博

樹・武石恵美子・坂爪洋美著『多様な人材のマネジメント』（シリーズダイバーシティ叢書）中央経済社，pp.111-137.

佐藤博樹・武石恵美子（2004）『男性の育児休業―社員のニーズ，会社のメリット』（中公新書）中央公論新社.

高橋美恵子（2021）「男女とも仕事と子育てを両立させる国　スウェーデン」高橋美恵子編『ワーク・ファミリー・バランス―これからの家族と共働きを考える』慶應義塾大学出版会，pp.55-106.

武石恵美子（2006）『雇用システムと女性のキャリア』（双書ジェンダー分析９）勁草書房.

武石恵美子（2017）「ダイバーシティ推進と転勤政策の課題―社員の納得性を高めるために」佐藤博樹・武石恵美子編『ダイバーシティ経営と人材活用―多様な働き方を支援する企業の取り組み』東京大学出版会，pp.23-42.

武石恵美子（2022）「従業員の自律的なキャリア形成支援」佐藤博樹・武石恵美子・坂爪洋美『多様な人材のマネジメント』（シリーズダイバーシティ経営）中央経済社，pp.139-170.

武石恵美子・松原光代（2014）「男性の育児休業―取得促進のためのマネジメント」佐藤博樹・武石恵美子編著『ワーク・ライフ・バランス支援の課題―人材多様化時代における企業の対応』東京大学出版会，pp.97-124.

武石恵美子・松原光代（2017）「短時間勤務制度利用者のキャリア形成―効果的な制度活用のあり方を考える」佐藤博樹・武石恵美子編『ダイバーシティ経営と人材活用―多様な働き方を支援する企業の取り組み』東京大学出版会，pp.135-155.

鶴光太郎・久米功一（2016）「夫の家事・育児参加と妻の就業決定―夫の働き方と役割分担意識を考慮した実証分析」『RIETI Discussion Paper Series 16-J-010』.

内閣府政策統括官（共生社会政策担当）（2006）『平成17年度 少子化社会対策に関する先進的取組事例研究報告書』.

内閣府（2020）『男女共同参画白書 令和２年版』.

内閣府（2019）『男女共同参画社会に関する世論調査（令和元年９月）』.（https://survey.gov-online.go.jp/r01/r01-danjo/）

永井暁子（2001）「夫の育児遂行の要因」岩井紀子編『現代日本の夫婦関係』文部科学研究費基盤研究（A），家族についての全国調査報告書No.2-３，日本家族社会学会全国家族調査（NFR）研究会.

中里英樹（2017）「国際比較から見る日本の育児休業制度の特徴と課題―ノルウェー・スウェーデン・ドイツ・ポルトガル」労働政策研究・研修機構『資料シリーズNo.186　ヨーロッパの育児・介護休業制度』pp.1-17.

中里英樹（2023）『男性育休の社会学』さいはて社.

長沼裕介・中村かおり・高村静・石田絢子（2017）「男性の育児休業取得が働き方，家事・育児参画，夫婦関係等に与える影響」『New ESRI Working Paper』No.39.

中野諭（2015）「夫の家事分担比率が妻の労働参加に与える影響」労働政策研究・研修機構『労働力需給の推計のための基礎研究―「社会生活基本調査」を用いたマイクロデータ分析』.

21世紀職業財団（2022）『子どものいるミレニアル世代夫婦のキャリア意識に関する調査研究』.

日本能率協会総合研究所（2021）『厚生労働省委託事業　令和2年度　仕事と育児等の両立に関する実態把握のための調査研究事業　仕事と育児等の両立支援に関するアンケート調査報告書（労働者調査）』.

日本能率協会総合研究所（2023）『厚生労働省委託事業　令和4年度　仕事と育児等の両立等に関する実態把握のための調査研究事業　仕事と育児等の両立支援に関するアンケート調査報告書（労働者調査）』.

藤野（柿並）敦子（2006）「夫の家計内生産活動が夫婦の追加予定子ども数へ及ぼす影響—ミクロデータによる検証」『人口学研究』Vol.38, pp.21-41.

ブリントン,メアリー・C　池村千秋訳（2022）『縛られる日本人—人口減少をもたらす「規範」を打ち破れるか』（中公新書）中央公論社.

馬欣欣（2006）「世帯の生活時間と生活格差に関するパネルデータの分析—夫の労働時間が妻の就業および家計時間配分に与える影響」『KUMQRP Discussion Paper Series, DP2006-26』.

松浦民恵（2017）「『男性の育児休業』で変わる意識と働き方—100%取得推進の事例企業での調査を通じて」『基礎研REPORT』.

松田茂樹（2002）「父親の育児参加促進策の方向性」国立社会保障・人口問題研究所編『少子社会の子育て支援』東京大学出版会, pp.313-330.

松田茂樹（2005）「男性の家事・育児参加と女性の就業促進」橘木俊詔編著『現代女性の労働・結婚・子育て』ミネルヴァ書房, pp.127-146.

松田茂樹（2007）「育児不安が出産意欲に与える影響」『人口学研究』第40号, pp.51-63.

水落正明（2006）「家計の時間配分行動と父親の育児参加」『季刊・社会保障研究』Vol.42, No.2, pp.149-164.

水落正明（2010）「夫の育児と追加出生に関する国際比較分析」『人口学研究』Vol.46, pp.1-13.

三菱UFJリサーチ＆コンサルティング（2019）『厚生労働省委託調査　平成30年度仕事と育児等の両立に関する実態把握のための調査研究事業報告書』.

森田陽子（2005）「育児休業法の規制的側面—労働需要への影響に関する試論」『日本労働研究雑誌』No.536, pp.123-136.

横山文野（2002）『戦後日本の女性政策』勁草書房.

労働政策研究・研修機構（2014）『資料シリーズNo.136　父親の働き方と家庭生活—ヒアリング調査結果報告』.

労働政策研究・研修機構（2020）『資料シリーズNo.232　男性労働者の育児休業の取得に積極的に取り組む企業の事例—ヒアリング調査』.

労働政策研究・研修機構（2021）『調査シリーズNo.213　次世代育成支援対策推進法の施行状況に関する調査』.

Becker,G.S.（1965）"A Theory of the Allocation of Time," *Economic Journal*, Vol.75, pp.493-517.

Gromada, A., & Richardson,D.（UNICEF）（2021）*Where do rich countries stand on childcare?*

Haas, L., & Hwang, P.C.（2008）"The Impact of Taking Parental Leave on Fathers'

Participation in Childcare and Relationships with Children : Lessons from Sweden," *Community, Work & Family*, Vol.11, No.1, pp.85-104.

Hochschild, A. (1989) *The second shift: Working parents and the revolution at home*, New York: Penguin.（田中和子訳（1990）『セカンド・シフト―アメリカ 共働き革命のいま』朝日新聞社）.

Nepomnyaschy, L., & Waldfogel, J. (2007) "Paternity leave and fathers' involvement with their young children : Evidence from the American Ecls—B," *Community, Work & Family*, Vol.10, No.4, pp. 427-453.

OECD (2012) *Closing the Gender Gap—Act Now*.（濱田久美子訳（2014）『OECDジェンダー白書―今こそ男女格差解消に向けた取り組みを！』明石書店）.

第 5 章

子育て社員が働く職場

　2010年施行の改正育児・介護休業法により短時間勤務制度の導入が企業に対して措置義務化されて以来，職場において，短時間勤務の利用者が急速に増えている。そうした職場では，短時間勤務制度の運用の困難さや短時間勤務利用者の生産性に与えるマイナスの影響，制度利用対象外の職場の同僚が利用者に対して抱く不公平感などの課題が指摘されている。しかし，これらの課題は短時間勤務者や短時間勤務制度そのものにあるのではなく，短時間勤務者の仕事における役割や仕事上の目標とそれらの評価が合理的に結びついておらず，さらには柔軟な働き方を受け入れにくい従来の日本の職場運営にある。

　上記の課題を解消するためには短時間勤務制度の利用者だけに着目するのではなく，制度利用者以外の同僚を含めた職場全体を対象とした働き方改革や人事制度全般を見直すことが重要である。現状では，短時間勤務制度の利用が拡大する一方，短時間勤務者が仕事で貢献できるような職場の働き方改革・人事制度の見直しなどがなかなか進展していない。その結果，短時間勤務者が職場の中で効率的に働けない存在となり，短時間勤務制度の利用者に問題があるかのように誤認されることで，仕事と子育ての両立支援をはじめとしたワーク・ライフ・バランス（WLB）施策に対するネガティブな見方につながってしまうことから，この問題に取り組む必要性は高い。

1 両立支援制度と同僚

(1) 職場の課題

仕事と子育ての両立支援において，制度利用者の周囲の「同僚の働き方」に関して，企業が考慮すべき課題にはどのようなものがあるのだろうか。両立支援推進に伴う従業員のWLBへの影響を，プラスと捉える企業の人事担当者も少なくないが[1]，育児休業（育休）や短時間勤務制度の利用が進む中で，「制度利用者と同僚との公平性」が課題として多くあげられている[2]。

短時間勤務の利用者など子育てをしている社員の周囲の同僚が，そうした社員に関し不公平感を持つことになる背景については様々な視点から論じられている。例えば，制度対象者が限定されていること，制度利用者の仕事を肩代わりすることによる同僚の負担の増大，同僚社員自身の長時間労働の問題，同僚社員による制度利用者のサポートに対する上司の認識や評価の低さ，同僚の制度利用者の処遇等に関する認識の不足，制度利用の可否に関するジェンダー不平等等が指摘されている。武石（2010）は，女性活躍や育児と仕事の両立支援のためにWLB施策を推進すると，一部の従業員のみが施策対象となることで，他の従業員との間に軋轢を生むと指摘する。坂爪（2012）も，両立支援策が対象を限定した施策であるということに起因して，施策の存在自体が従業員の不公平感を高め，結果としてモチベーションを低下させる可能性があると指摘する。また，細見・関口（2013）は，残業が多い職場の場合，WLB支援制度利用者の出現が同僚の業務負担予測を悪化させるとしており，藤本・新城（2007）は，両立支援に関する上司の支援やジェンダー価値観が制度に対する不公平感に影響を与えるとしている。

細見・関口（2013）は，「周囲の反発を受けながらWLB支援制度を利用する場合には，制度利用者自身が不快な感情を抱き，職場の同僚のみならず制度利用者自身にも良い効果がもたらされていないことも考えられる」と指摘しており，両立支援を円滑に進めるためにも，職場全体の課題，特に制度利用者の同

僚への負荷を考えておく必要性は高い。

　育休などの制度利用においては，利用者不在時の代替要員が確保されればよいが，代替要員が充当される職場は多くはない。利用者がいた際の雇用管理において，「代替要員の補充を行わず，同じ部門の他の社員で対応した」とする割合が，2019年度の52.3％から2021年度に79.9％と大きく増加している（厚生労働省「令和元年度・令和 3 年度雇用均等基本調査」2020，2022）。特に，女性の育休取得については長期間となることが多いことから，2019年度までは，「派遣労働者やアルバイトなどを代替要員として雇用した」「事業所内の他の部門又は他の事業所から人員を異動させた」といった代替要員を確保する企業も 4 割近くに上っていたが，企業の経営環境の厳しさを反映してか，代替要員を確保せずに既存の職場の要員のみで対応する企業が増えているとみられ，これにより職場の同僚の不満が高まっている可能性がある[3]。

　育休取得者がいる職場において企業が代替要員を確保しない主な理由について，佐藤（2022a）は，代替要員を配置するための事前の予算確保がなされていないこと，他職場の社員を代替要員として配置するには異動の時期が限定される場合が多いこと，育休取得者を事前に想定して社員を多く雇用する取組みを行っている企業が少ないことなどをあげている。そして，これらの改善策として，育休取得者数を予測しての事前の予算確保，自社社員を配置できるよう社員を余分に雇用しておくことをあげている[4]。

　また，両立支援制度の中でも特に短時間勤務制度においては， 1 人か 2 人の利用者が職場にいる場合，彼らの業務量の変化は要員を増やすまでには至らないため，職場のメンバーで調整が行われることが育休以上に多く行われており，当事者も職場でともに正社員として働く中で，育休以上に周囲の同僚と制度利用者の間の軋轢が大きいとみられる。

　短時間勤務制度は，2010年施行の育児・介護休業法で義務化されてから，法定を超えて利用可能な期間を延長する企業が増えている（**図表 5-1**）。小学校就学前までが法定の努力義務対象だが，「小学校就学の始期に達するまで」以上の「最長利用可能期間」を設定している企業は，2009年度の17.5％から2021年度には28.9％と11ポイント増加している。

図表5-1 短時間勤務制度の最長利用可能期間

	事業所計	制度あり	最長利用可能期間						【再掲】③～⑥とする事業所割合	制度なし	不明
			3歳未満	3歳～小学校就学前の一定の年齢まで	小学校就学の始期に達するまで	小学校入学～小学校3年生（又は9歳）まで	小学校4年生～小学校卒業（又は12歳）まで	小学校卒業以降も利用可能			
			①	②	③	④	⑤	⑥	③～⑥		
2009年度	100.0	47.6	28.7	1.4	11.9	2.9	1.3	1.5	17.5	52.3	0.1
		(100.0)	(60.2)	(3.0)	(24.9)	(6.0)	(2.7)	(3.2)	(36.8)		
2021年度	100.0	68.9	36.9	3.1	11.1	7.7	5.7	4.4	28.9	31.1	－
		(100.0)	(53.6)	(4.5)	(16.1)	(11.2)	(8.2)	(6.4)	(41.9)		

出所：厚生労働省（2017，2022）「雇用均等基本調査」平成21年度，令和3年度をもとに作成

　このように，利用可能な期間が長くなり，対象者も増えることによる同僚の業務負荷の増大や，制度に関連する同僚の不公平感について整理したい。

⑵　業務量の問題

　短時間勤務制度利用者に対して同僚が感じている不満は，表面的には直接的に制度利用者に関する不満のように見えるが，実は，制度利用者をサポートしていることを上司が認識していないことや，サポートが自身の評価対象になっていないこと，さらに自分自身が長時間労働であることなど，職場のマネジメントや制度利用者に限らない職場全体の働き方の課題に起因することがある。

　制度利用者をサポートしていることを上司が認識していないことに対する不満というのは，制度利用者をサポートしたことが評価の対象となっていないという問題につながっている。本来，短時間勤務制度利用開始時に，フルタイム時の業務内容や目標設定を制度利用者の働き方に応じて上司が本人と相談の上で見直すが，同時に，組織目標に照らして組織内の他の部下の業務内容や目標設定を見直すことが必要になる。

　これについて2つのケースで考えたい。組織全体の目標が組織構成員の労働時間を考慮しないで要員数のみで設定されている，つまり，組織構成員の働く時間や経験など職務遂行能力等に基づく賃金差を反映しない設定となっていると，短時間勤務の利用者がいた場合，**図表5-2**のタイプAの①②の部分は，フルタイム勤務の他の組織構成員が代わって受け持つことになる。一方，タイプBのように，組織全体の目標が要員の数のみではなく，労働時間や経験年数

図表5-2　組織目標タイプ別短時間勤務のサポートの必要性

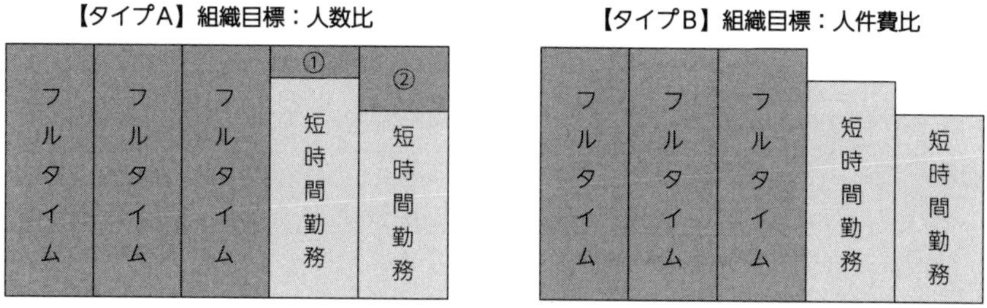

【タイプA】組織目標：人数比

| フルタイム | フルタイム | フルタイム | ① 短時間勤務 | ② 短時間勤務 |

【タイプB】組織目標：人件費比

| フルタイム | フルタイム | フルタイム | 短時間勤務 | 短時間勤務 |

など職務遂行能力等を反映した設定となっていれば，短時間勤務者が担う個人目標が下がった分は，組織目標からも除かれ，フルタイム勤務の他の組織構成員がカバーする必要はなくなる。

　ただし，ここでいう目標が営業の業績目標のように可変性の高いものであれば，この説明があてはまりやすいが，組織が担うべき顧客の規模や対応エリアによって業務量が固定的である場合は，組織判断でその目標を下げることは難しく，その場合は，配置要員の増加や既存要員の目標増加によって対応せざるをえない。とはいえ，松原（2012）が，「日本は正社員や正社員以外の人員の異動や増減について，人事部と職場が連携しあって対応する傾向があるにもかかわらず，WLB関連制度の利用者が出た場合は，当該職場内で職場管理職のマネジメント力に大きく依存するとともに，主に直属の部下の正社員のみを対象として対応しており，部門を超えた対応や外部を活用した対応に消極的である」と指摘するように，要員の増加等の数量的な対応は行われないことが多い。坂爪（2012）も「多くの場合（特に短時間勤務制度の利用者が出た場合），代替要員を確保することなく，部門内で業務を見直したり，分担を調整したりすることで不足分を補うことになる」と指摘している。脇坂（2002）は，同僚の仕事を少しずつ増やす形での「分担方式」は，その職場の人数が少ない場合には労働強化になる可能性を指摘している。

　このため，制度利用者がいる組織それぞれの対応が重要になる。短時間勤務者の業務内容や目標の見直しに上司が関与しない場合，**図表5-2**のタイプAの①や②の業務を短時間勤務者が抱えているが対応しきれていない場合や，あ

るいは①②の業務を担当する者がいない場合には，周囲の同僚がやむをえずカバーすることになりがちである。上司が業務配分や目標設定に関与していない場合には，カバーしている同僚たちについて，①や②の業務を引き受けている実態がわかりにくいために評価対象にならないこと，カバーすることによる業務過多に配慮が行き届かないことが問題となる。

インテージリサーチ（2014）による「育児休業制度」「短時間勤務制度」「所定外労働の免除」の利用者が同僚にいる社員に関する調査では，分担する仕事量や分担した仕事に関する評価方針について上司からの「説明がなかった」と回答する者が3分の1強と多いだけでなく，説明が行われた場合でも，説明に納得している割合は2割弱であり，「少しは納得した」を含めても3〜4割にとどまっている（**図表5-3**）。つまり，仕事量と評価方針に関して，それぞれ「説明はなかった」と「納得しなかった（「納得しなかった」「あまり納得しなかった」）」割合を合わせると5割前後に上る。一方で，同調査において管理職の立場にある人の回答は，これらの説明について「説明はしなかった」は1割前後で，「ほとんど納得していたと思う」が3〜4割と高い[5]。管理職と制度利用者の同僚の間に評価のずれがあり，カバーしている同僚からみれば自分た

図表5-3 分担する仕事量や評価方針についての上司からの説明に対する納得度（同僚に対する調査）

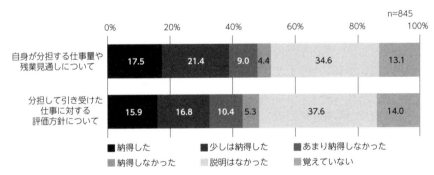

注：調査対象は，自身の職場に「育児休業制度」「短時間勤務制度」「所定外労働の免除」の利用者がいる人

出所：インテージリサーチ（2014）

ちへの配慮が行き届いているとは言い難い状況にあることがうかがえる。

　佐藤・武石（2008）は，制度利用者が出た場合，周囲の従業員に過大な負担をかけるデメリットを回避するために，業務の見直しや処遇制度の見直しが求められると指摘している。坂爪（2012）も，「業務の負担増が，組織・職場にとって，そして何よりも自分自身（制度利用者の同僚）にとって何をもたらしうるのかがみえない状況は，現状に積極的に取り組もうとするモチベーションをそぐことにつながる可能性がある」としており，同僚の業務負担の見直しが必要になる。

　具体的な対応としては，①制度利用者が担っていた業務の代替方法，②制度利用者のサポートをした場合の評価についての検討が必要となってくる。業務の代替方法については，「直接代替方式」「分担方式」「順送り方式」といった方法が示されている（佐藤，2022a；脇坂，2002）[6]。業務を代替した同僚への評価については後段で述べる。

(3)　緊急時対応の問題

　同僚にかかる負荷としての子育て期の短時間勤務者のサポートには，業務量とその配分・目標設定に関するものの他に，緊急時対応の問題がある。

　業務の見直しをした結果，制度利用者に配分された仕事についても，短時間勤務であるが故に対応できない時間帯があることや，子どもの急な発病等の理由での遅刻や途中退社などの場合には，同僚のサポートが必要となる。こうした不在時に生じた突発的業務への緊急対応についても，上司があらかじめサポート体制を設定しておくことが期待される。

　緊急時対応は，子育て社員の子どもの状況や家族によるインフォーマルな支援体制によって，職場のサポートに対するニーズは大きく変わってくる。一般に，育休から復職して保育所に子どもを預けてから1年くらいは，子どもに免疫がないため，頻繁にウイルスに感染しやすいなど体調を崩しがちである。第一子の場合，当事者の子育て社員もこのことに困惑する場合があるので，上司や人事と復職後の緊急時対応についてよく話し合っておくことが必要である。緊急時対応は，職場で「お互い様意識」で支えあうことが大事とされ，確かに

そうした風土の醸成は重要だが，子育てや介護事情を抱えた社員が一方的に支えられる時期もある。同僚の「お互い様の気持ち」に過度に頼るのではなく，上司が職場の同僚のサポート状況を把握して，支援している同僚の評価に反映させることが重要である。なお，「お互い様意識」に関しては，WLB支援の対象範囲を，仕事と子育ての両立だけでなく，介護や自己啓発なども含むものに拡大していくことで醸成する（佐藤・武石，2010）ことも必要である。

⑷　制度設計や制度への誤解が生む問題

　まず，給与に関する制度でいえば，短時間勤務者は短縮分の時間に応じて基本給が控除されるのが一般的であり，これは，ノーワークノーペイの原則から理にかなっているといえよう。企業の制度の実態としては，短縮時間分の賃金の取扱いについての規定がある事業所のうち，無給が78.8％と多数である。しかし，有給の事業所が10.7％，一部有給が10.4％となっており，2割程度の事業所では給与面でも制度利用者が優遇されている状況がある（厚生労働省（2022）「令和3年度雇用均等基本調査」）。このような優遇については，佐藤（2011）は，「こうした取り扱いの場合には，WLB支援制度を利用しない社員から不満がでたり，制度の利用者にとっても制度を利用しにくいという問題が生じかねない」と指摘している。有給の制度を設けるのであれば，制度利用者に任せる仕事について職場の実態に合わせてその合理性を検討することも重要になる。

　また，制度としては無給になっているが，そのことを職場に周知していないために，周囲の同僚が，制度利用者の基本給が減額されていないと誤解をして不公平だと感じてしまう場合もある（日本能率協会総合研究所，2021；佐藤・武石，2010）[7]。その場合にも「制度利用者と利用者の周囲の同僚の間に軋轢が生まれる場合がある」（矢島，2011）。

　賞与にも同様の問題がある。仮に，制度利用者と通常勤務者の評価が同じだった場合も，基本給の差により賞与に差が生じる仕組みになっている企業が多い。第3章でも触れたが，この仕組みも管理職や同僚に説明されていないことが多く，その場合，やはり制度利用者が優遇されているといった誤解にもと

づく不公平感が生じたり，その優遇を解消するようバランスを取ろうとして，上司が制度利用者の評価を下げたりする問題も生じる。こうしたケースでは，研修等を通じて給与や賞与に関する制度を説明するだけでも，不公平感の緩和につながる可能性がある。

⑸　職場の働き方に起因する問題

　周囲の同僚が，業務負荷が増えてしまうことに強い不満を持つ背景には，「自身が長時間労働であること」という現状があるわけだが，このことに起因する不満にもいくつかの要素が含まれている。

　まず，自身が長時間労働で疲弊しており制度利用者のカバーをする余裕がないこと，それでもカバーをせざるを得ないことにより自身のWLBや健康が損ねられていると感じられるなどの理由があると考えられる。坂爪（2012）は，負担増が自分以外の他者のWLBを保つために発生したものであることが，負担が増えた側にとって新たなストレス源になるとし，「あなたのワーク・ライフ・バランスのために私のワーク・ライフ・バランスが犠牲になる」という認識を部門のメンバーが持つことも少なくないであろうとしている。

　また，長時間の残業が発生する職場の状況に疑問を感じていて，その残業を免除されている制度利用者にうらやましさを感じている場合もあるだろう。実際に，「残業時間の多さは，直接的にWLB支援制度利用者の出現に伴う業務負担予測や寛容度を悪化させる」（細見，2017）とされており，制度利用に対する肯定感が低くなる可能性がある。さらに，「周囲の従業員が残業や休日出勤などで業務処理をする状況がスタンダードとなっている職場が少なくないため，1－2時間程度の時間短縮が，スタンダードから大きく外れたかなり特殊な働き方ととらえられてしまう」（武石・松原，2017）側面もあり，周囲の同僚の恒常的な残業により，同僚と制度利用者の働き方の相違が際立ち，不満を助長させる原因になる。

　長時間残業には，時間外の割り増しが付された所定外給与が支払われることになるが，割り増しを含めた所定外給与が長時間残業の対価として割りが合わないという思いも，周囲の同僚の不満の一因となる。制度利用者のカバーが期

待される同僚の「長時間労働」は，働き方改革を通じて削減を進め，同僚が自身のWLBや健康を維持した上で制度利用者のカバーをする余裕を持てるようになること，それでも必要となる所定外労働については，納得感のある処遇をすることが対策として期待される。

⑹　制度利用者の感じる不満・不公平感

　ここまで，同僚が感じる不満や不公平感に言及してきたが，一方で，制度利用者の側が感じる不満や不公平感もある。制度利用者が感じる不満は，制度利用者のモチベーションの低下を引き起こし，そのことがさらなる周囲の同僚のモチベーションの低下をもたらしかねない（矢島，2011）ということからも，対処が求められる。

　正社員女性の短時間勤務者の不満の上位回答は，「時には残業したいができない」「昇進・昇格が遅れる」「時間は減らしても仕事内容・量が変わらない」「仕事内容・量に対して評価が低い」などである（**図表5-4**）。残業に関する不満以外の3つの項目は，目標設定・評価に関わっている。上司が制度利用者の業務内容・目標設定・評価を明確に行い，同僚のサポートについても体制づくりから評価まで適切に対応できれば，制度利用者と周囲の同僚，双方の不満が解消する可能性がある。

　長時間残業についても，先に述べたように，短時間勤務制度をより柔軟に選択できるようにして，短時間勤務社員も時には残業を可とするという方法も検討されるべきだろう。同時に周囲の同僚の長時間残業を削減することで，制度利用者も周囲の同僚もともに目標達成のために長時間の残業が必要という圧力から解放されることになり，職場の問題が起こりにくくなる。

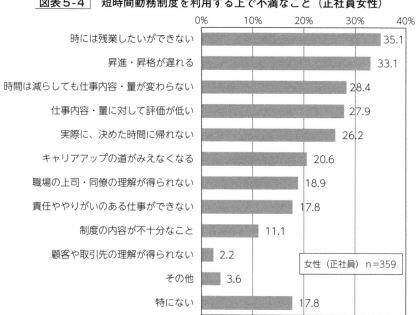

図表5-4 短時間勤務制度を利用する上で不満なこと（正社員女性）

- 時には残業したいができない 35.1
- 昇進・昇格が遅れる 33.1
- 時間は減らしても仕事内容・量が変わらない 28.4
- 仕事内容・量に対して評価が低い 27.9
- 実際に、決めた時間に帰れない 26.2
- キャリアアップの道がみえなくなる 20.6
- 職場の上司・同僚の理解が得られない 18.9
- 責任ややりがいのある仕事ができない 17.8
- 制度の内容が不十分なこと 11.1
- 顧客や取引先の理解が得られない 2.2
- その他 3.6
- 特にない 17.8

女性（正社員）n＝359

出所：三菱UFJリサーチ＆コンサルティング（労働者調査）（2012）

2　同僚，職場の問題への対応策

　以上を整理すると，周囲の同僚と短時間勤務などの制度利用者それぞれの不満・不公平感の緩和への対応策としては，以下の4点が重要になる。

①同僚の制度利用者へのサポートに対する評価の明確化

②同僚が制度利用者の仕事を適宜サポートできるような残業削減などの職場の働き方改革の推進

③制度利用者が，仕事上の責務を果たせるような制度の柔軟化や働く意欲を喚起する取組み，社員全体の働き方の柔軟化

④両立支援制度の内容とその趣旨を職場構成員が理解できるように，周知の徹底による制度内容の理解促進を行うことでの公平性の確保

⑴　評価の明確化

　まず，同僚が制度利用者の仕事をサポートしていることを評価する仕組みの導入など，評価の明確化について考える。

　上司は，責任を持って制度利用者の業務内容・目標設定の見直しを行い，周囲の同僚の業務内容・目標設定も見直すことが必要である。その上で，周囲の同僚と制度利用者に対し，設定した役割と実際の対応状況を踏まえた評価を行うことになる。坂爪（2009，2012）は，両立支援策についての不公平感を解消させる１つの方法が公平な評価制度であるとしており，周囲の同僚と制度利用者双方が納得できる評価制度が重要である。また，同僚について佐藤（2022a）は，「育休取得者の業務をカバーした社員に対し，その貢献を人事考課や賞与でプラスに評価することが大事になる」としている。

　この同僚への評価等の方法については，2023年12月の労働政策審議会雇用環境・均等分科会報告「仕事と育児・介護の両立支援対策の充実について」でもその必要性が指摘されているが，国，企業においてそれぞれ新たな取組みが進められている。厚生労働省は中小企業を対象に2023年度より「両立支援等助成金　育児休業等支援コース」に「業務代替支援」を設けた。企業では，育休取得者がいる職場の同僚に「応援手当」を支給したり，取得者をサポートした同僚に評価の際に加点したりする取組みが始まっている。

　なお，これまで評価の運用が曖昧にされてきたことで，職場に様々な思い込みが生じている可能性が高い。例えば，「長時間働く人が高く評価される」「短時間勤務の人はどうがんばっても評価されない」などがある。実際の状況とは異なる評価への思い込みが，いわゆる不公平感を生み出す「職場の風土」を形成する大きな要因になることが少なくない。したがって，職場の管理職が評価や登用の考え方を制度利用者を含めて部下全員に説明する，自分がわからないのであれば人事部門に基準を示すよう求めるといった取組みが基本となる。

　また，評価結果を本人にフィードバックしていないことが誤解を招く要因であることも少なくない。武石（2011）も「短時間勤務ということが理由で評価が低くなると利用者が感じてしまうと，利用者のモチベーションに問題が生じ

るだけでなく，制度利用に後ろ向きな職場の雰囲気が醸成されるため，評価の
フィードバックなども丁寧に行うことなどが必要となる」としており，制度利
用者，周囲の同僚双方へのフィードバックが求められる。特に，多様な働き方
が広がってきている現在，社員それぞれが選択している働き方にかかわらず，
公正に評価されている，という認識を全社員で共有していくためには，フィー
ドバックを丁寧にしていくことが重要である。坂爪（2012）は，「評価の公平
性が担保されるならば，両立支援策の充実は，性別を問わず従業員の仕事への
意欲を高める」とし，評価の公平性の下での両立支援策の充実が，働く意欲を
喚起することを指摘している。2023年12月に労働政策審議会から出された建議
においても，周囲の労働者に対する支援の必要性が指摘されている。

⑵　働き方改革の推進

　同僚が制度利用者の仕事を適宜サポートできるようにするためには，日頃か
らの働き方改革を進めることが不可欠となる。
　まずは，制度利用者とその同僚がともにWLBや健康的な働き方を実現でき
るよう，職場全体の長時間労働を削減し，業務上必要のない残業を減らしてい
くことが必要である。武石（2013）は，「短時間勤務をする従業員が現れたこ
とでフルタイム勤務者の働き方の課題が改めて顕在化」したと指摘している。
そして，時間の制約のあるなしでの働き方の相違が，制度利用者のキャリア形
成上のマイナスやフルタイム復帰への困難化にもつながるとし，「時間制約の
ない従業員は，様々な理由で今後ますます少なくなっていくと考えられ，短時
間勤務者を受け入れる職場環境整備を進めながら，働き方改革を進めていくこ
とが強く求められる」としている。細見（2017）は「WLB支援制度の利用を
促進する職場風土を醸成するためには，職場内において適切な労働時間管理を
図り，適正人員の配置による残業時間削減などの措置をとることが重要であ
る」とし，やはり，労働時間管理を通した働き方改革がWLB支援制度の推進
につながることを指摘している。佐藤・松浦・高見（2020）は，働き方改革に
ついて，「長時間労働の解消（狭義の働き方改革）」とともに，「多様で柔軟な
働き方の実現と社員ひとり一人が高い時間意識を持った働き方へ転換すること

（広義の働き方改革）」を大事な取組みとしてあげている。

　こうした取組みによる時間意識の変革を含めた職場全体の働き方改革の推進
は，同僚の不公平感を軽減させ，制度利用への理解と支援が得られる職場へと
変わることにつながり，その結果，制度利用者の子の発熱等による緊急時のカ
バー体制づくりなども可能となり，制度利用者と周囲の同僚の負担をともに軽
減する職場の体制を作っていくことができる。

⑶　制度・働き方の柔軟化

　制度利用者が制度に依存しすぎず，職場での責任を果たそうとする姿勢は，
同僚の支援を引き出す上で重要な要素である。そのためには，制度を効果的に
活用して子育てをしながら仕事への責任を果たせるよう，両立支援制度の柔軟
化が重要になる。

　短時間勤務の時間設定については，法定（育児・介護休業法）の1日6時間
という設定だけでなく，より細かく時間設定ができたり，利用対象期間途中に
変更することが可能となっている。さらに，制度利用者の希望を前提に勤務時
間を随時決定できるような制度設計をすることも考えられる。先に述べたよう
に，子の成長や家庭内のインフォーマルなサポート環境の変化等に合わせて，
制度利用者が選択しうる時間の中で，なるべく長めの時間設定も選択できるよ
うにしておけば，同僚のサポートを減らしていくことが可能となり，制度利用
者もフルタイム勤務に復帰しやすくなる。

　勤務時間設定の柔軟化に併せて，次節で述べるすべての社員の働き方の柔軟
化も短時間勤務者のフルタイム勤務復帰への鍵となる。すべての社員の勤務時
間や働き方の柔軟化により，制度利用者の仕事分担の難しさを解消して責任あ
る役割を任せることが可能になり，制度利用者の能力を引き出して組織成果に
つなげることが期待できる。

⑷　制度内容の理解促進

　両立支援にかかる評価・人事制度等が整備されただけでは公平性確保は不十
分であり，制度等の周知の徹底が不可欠である。坂爪（2012）は，「公平性を

担保するには，両立支援策利用者が評価される基準，利用者と利用者以外との基準の違いなどが明確化されているだけでなく，それらが両立支援策利用者を超えて，広く従業員全体に知らされていることが必要」としている。佐藤（2011）も，WLB支援制度と人事処遇制度の接合のあり方の検討に際して「制度利用者と制度非利用者の間に不公平感を生まないように，制度の仕組みや運用を設計し，周知することが大事となる」としており，職場全体への周知の重要性が示されている。

　細見（2014）は「WLB支援制度をより実効性のあるものにし，組織全体のパフォーマンスを向上させるためには，制度の恩恵を受けない同僚従業員の心理を考察することも必要」であり，「WLB支援制度の恩恵を直接受けない同僚従業員にとって，制度の存在が自分の利益にどの程度まで関係があるか，その受け止め方が，制度を支持する度合いに影響を与えると考えられる」としている。また，「制度利用者の同僚でもあり，制度利用予備軍でもある若年層にとっては，制度を知ることで，中長期的な働き方の見通しを立てることも可能となる」（矢島，2011）ことから，制度がもたらす利益・効果についても従業員全体に示していく必要がある。坂爪（2012）は，他者への援助行動が自尊心向上など心理的側面に肯定的な影響を与えたり，他人の仕事を担当することが仕事を俯瞰的・相対的に捉えるきっかけとなったりするとしており，「負担感や不公平感の背後に隠れてしまっているこれらの肯定的な効果を明示化することは，ワーク・ライフ・バランスの意義を広く従業員に伝えるきっかけとなる」とその効果を指摘している。

3　職場の両立支援を円滑に進めるための働き方改革の重要性

⑴　スタンダードな働き方を考える

　仕事と子育ての両立支援の推進と同僚の働き方の課題としては，同僚の働き方が職場の「スタンダードな働き方」になっているため，制度利用者の働き方とそのスタンダードな働き方との乖離が大きければ大きいほど，制度利用者の

就業継続や活躍が困難となり，同僚の負担が大きくなると同時にその不満も募りやすい，という点も重要である。

　職場の働き方のスタンダードは，次世代育成支援対策推進法や仕事と生活の調和（ワーク・ライフ・バランス）憲章（以下，「WLB憲章」）後の企業の働き方改革の取組みやコロナ禍の影響などにより，労働時間や有給休暇取得などの働く時間の長さにおいても，テレワーク等の柔軟な働き方の導入においても，一定程度，すべての就業者のWLB実現にプラスの方向で変化してきているとみられる。ただし，現在でも子育て世代の男性の長時間労働や労働時間の分布の男女差の問題は残っている。このスタンダードな働き方が変わらないと，子育てをしている社員の働き方の特殊性が際立ち，同僚との軋轢の原因となりかねないために，変革が求められる。

　武石（2012a）は，働き方改革等について，企業側からの視点として，「個々人がWLBに満足していても，それが組織貢献意欲や，職場における業務効率化などにつながらなければ，組織としてWLB支援に取り組むインセンティブが低下してしまう」と指摘する。また，佐藤（2022b）はWLB支援における働き方の柔軟化について，企業側の第一義的な目的は社員のニーズを充足するためではなく，労働サービス需要の変動に労働サービスの提供を柔軟に対応させることにあり，働き方に関する社員のニーズの充足が生産性や創造性に貢献すると経営が判断した場合に，柔軟な働き方が導入されると指摘している。生産性等への貢献がなければ，WLB支援としての働き方の柔軟化は進まない。

　以上のことから，両立支援の推進にあたっては，仕事と子育ての両立を図る社員の就業継続意向や組織貢献意欲を高める取組みとして当事者を対象とした研修などの施策が選択されがちであるが，それだけでは不十分であることがわかる。

　両立支援制度利用者にとっては，周囲の同僚との働き方の差が小さいこと，働き方の違いにかかわらず成果が公正に評価されること，そして，企業にとっては，生産性や創造性への貢献が期待できることなどの環境・条件が整っていることが重要である。両立支援制度利用者と企業および同僚の双方にメリットがあってはじめて，WLB支援につながる働き方改革が進む。

⑵　長時間労働の現状

　WLB憲章が策定される前年の2006年からの一般労働者（フルタイム勤務者）の年間総実労働時間の変化をみると，2006年の2,041時間に対し，2021年は1,945時間であり，年96時間減少している（**図表5-5**）。年52週で1週5日間として計算し，1日当たりの労働時間に換算すると，2006年の7.9時間から7.5時間になり，1日当たり約20分強減少したイメージである。

　ただし，コロナ禍直前の2019年の年間総実労働時間は1,978時間であり，2019年から2021年の減少が年間33時間で，2006年からの変化の約3分の1にあたる。2020年から2021年にかけては，コロナ禍の影響で労働時間も減少したとみられ，実質的なWLB憲章後の働き方改革の取組みの成果としては，一般労働者の労働時間はわずかに年間50時間程度の減少にとどまっている。一方，正社員で週60時間以上働く長時間労働者の男性の割合は，2007年の18.8％から

図表5-5　就業形態別年間総労働時間の推移

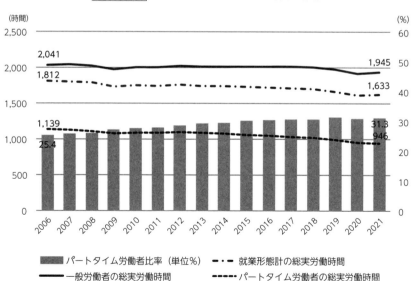

注：事業所規模5人以上，年間総実労働時間は月平均を12倍したもの
出所：厚生労働省（2006〜2021）をもとに作成

図表5-6 先進各国における週当たり労働時間の男女別分布（2019年）

国	時間	男性	女性	国	時間	男性	女性
日本	1〜29時間	6.2	33.1	イギリス	1〜29時間	6.0	31.5
	30〜39時間	11.7	21.2		30〜39時間	27.6	35.7
	40時間以上	82.1	45.7		40時間以上	66.4	32.8
韓国	1〜29時間	4.6	14.3	イタリア	1〜29時間	6.7	31.6
	30〜39時間	6.7	12.6		30〜39時間	17.1	27.9
	40時間以上	88.7	73.1		40時間以上	76.2	40.5
フランス	1〜29時間	5.1	17.9	オランダ	1〜29時間	8.2	49.7
	30〜39時間	50.8	55.4		30〜39時間	33.2	35.3
	40時間以上	44.1	26.7		40時間以上	58.6	15.0
ドイツ	1〜29時間	6.0	34.7	スウェーデン	1〜29時間	5.2	10.8
	30〜39時間	24.8	32.0		30〜39時間	18.9	31.7
	40時間以上	69.2	33.3		40時間以上	75.9	57.5

注：Dataset: Usual hours worked by weekly hour bands
出所：OECD.Statistics. Data extracted on 15 Dec 2021 15:32 UTC（GMT）

2020年は30代男性10.2％，40代男性10.4％へと減少しているものの一定割合が存在している。

　有給休暇の取得率については，厚生労働省「就労条件総合調査」でみると，全産業平均で，2006年の47.1％から2021年は56.6％へと9.5ポイント上昇しているものの，いまだ6割にも満たない状況である。

　参考までに，先進各国の週当たりの労働時間の分布状況をみてみる。先進各国の中で，特徴の異なる7カ国をピックアップした（**図表5-6**）。日本と韓国は，男性の8割以上が40時間以上に集中しており，日本は，韓国以外の6カ国と比較しても男性の長時間労働への集中度が高く，かつ，分布の男女差が大きいという特徴がみられる。

⑶　柔軟な働き方の選択肢の現状

　日本企業における正社員の働き方は，長時間労働と有給休暇の取得が少ないことに加え，画一的で柔軟性に乏しいという問題がある。子育て中の様々な状況に臨機応変に対応するためには，働き方に柔軟性を持たせることは効果があ

る。柔軟な働き方の制度は,「フルタイムでも両立がはかれる選択肢」(矢島,2012) となりえる。これらを設けることで「長期にわたる短時間勤務ニーズを減らすことができる可能性がある」(矢島, 2012) ことから, 職場の同僚等の負担が軽減されるというメリットがある。また, 子育てに限らず柔軟な働き方が選択できる職場では, 子育て社員が特別に制約のある社員ではなくなり, それ以外の社員と同様の働き方が可能となるという効果も期待できる。さらに,「短時間勤務者が特別視されずに働ける職場環境の整備は, それ以外の従業員にとっても働きやすい環境につながっていく」(武石, 2013) ものであり, 柔軟な働き方の導入による職場環境整備によって, 短時間勤務制度利用者のみならず全従業員がWLBを実現できる可能性が大きくなる。

　こうした問題意識から, 以下では柔軟な働き方について概観しておきたい。

　柔軟な働き方としては, テレワーク (在宅勤務, モバイルワーク, サテライトオフィス), フレックスタイム制度, 時差出勤制度, 短日勤務制度 (週休3日制等) などがある。日本能率協会総合研究所 (2021) の調査では, 2020年度

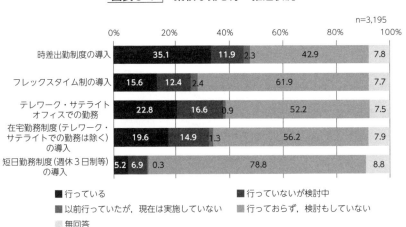

図表5-7　柔軟な働き方の推進状況

注1：本調査では, テレワークを「テレワーク」「サテライトオフィスでの勤務」「在宅勤務制度」の3分類で定義
注2：調査対象は, 農林水産業, 公務を除く全業種で, 従業員数50人以上
出所：日本能率協会総合研究所 (2021)

時点で最も導入が進んでいるのは時差出勤制度で，35.1％の企業が導入している（**図表5-7**）。

　テレワークは，新型コロナウイルスの感染拡大をきっかけとして導入が進み，内閣府（2022）の調査では，2019年12月に10.3％だった割合が，2021年9–10月には32.2％にまで上昇した（**図表5-8**）。この新型コロナウイルス対策としてのテレワーク進展の推移については本シリーズの『働き方改革の基本』（佐藤，2020）に詳しいため，ここでは，テレワークの進展に伴う仕事と育児の両立への効果について考える。

　佐藤（2020）は，勤務場所の柔軟化に貢献するテレワークが，産業や職種によっては勤務時間の柔軟化にもつながること，また，情報通信技術（以下，「ICT」）が通勤という「移動」を代替できるようになったことを指摘している。こうしたICTを活用したテレワークの特性は，メタバース上での勤務や遠隔操

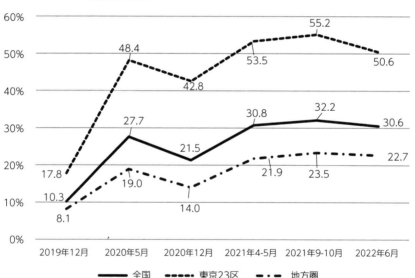

図表5-8 │ 地域別テレワーク実施率：就業者

注：働き方に関する問に対し，「テレワーク（ほぼ100％）」「テレワーク中心（50％以上）で定期的にテレワークを併用」「出勤中心（50％以上）で定期的にテレワークを併用」「基本的に出勤だが不定期にテレワークを利用」のいずれかに回答した人の割合
出所：内閣府（2022）

作できる分身ロボットによる勤務等，様々な働き方の拡大にもつながっていき，仕事と育児の両立支援にも大きく貢献するものになる可能性がある。

　フレックスタイムの導入状況については，コロナ禍においてもテレワークのような大幅な上昇はみられない。厚生労働省「就労条件総合調査」をみると，産業全体（調査産業計）では2021年は6.5％であり，2019年と比較しても1.5ポイントの微増にとどまっている。従業員1,000人以上の大企業では，2021年は28.7％と産業全体と比較すると導入割合は高いものの，2019年からの増加率は2.1ポイントと低く，コロナ禍をきっかけとした大きな進展はみられなかった（**図表5-9**）。一方，中小企業は大企業に比べ導入割合は低いものの，もともと制度としては導入していなくとも，従業員の状況に応じて柔軟に対応しているケースがある。

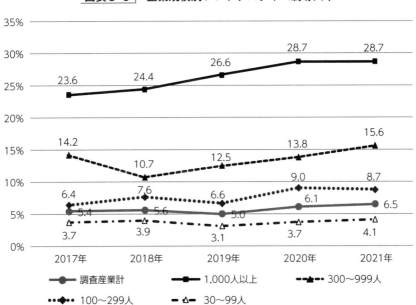

図表5-9　企業規模別フレックスタイム制導入率

注：調査対象は，日本標準産業分類（平成25年10月改定）に基づく16大産業で常用労働者30人以上を雇用する民営企業（医療法人，社会福祉法人，各種協同組合等の会社組織以外の法人を含む）
出所：厚生労働省（2006〜2022）

　なお，フレックスタイム制の導入は，武石（2012ab）が分析した時点では導入により労働時間が短くなる傾向はみられないとしていたが，金岡（2018）は年間の残業時間が1人当たり12.9時間削減できた事例を示しており，導入の進展とともに労働時間削減への効果も出てきているものと考えられる。

　時差出勤制度は，前述のとおり，柔軟な働き方の中で最も導入が進んでいる制度であり，コロナ禍の感染予防対策として，さらに導入が進んだ可能性がある。また，制度としては導入していないが柔軟に時差出勤を認めている企業もあるなど，制度としての導入率以上に取り入れられているものと考えられる。

　選択的週休3日制は，2021年6月に閣議決定された経済財政運営の基本指針「骨太の方針」で，政府によって導入促進の方針を示された。政府の意図は，兼業や学び直しにおける活用に主眼があると考えられる（矢島，2022）。両立支援としては，育児よりも遠距離介護と仕事の両立におけるニーズが高いと考えられる。厚生労働省「令和3年就労条件総合調査」（2022）では，2021年は「完全週休2日制より休日日数が実質的に多い制度」は8.5％であり，対象となる労働者の割合でみると11.3％で1割を超えるが，今後，さらに導入が進むと予想される。

　柔軟な働き方のそれぞれの進展状況についてみてきたが，柔軟な働き方には，社員個人にとっての柔軟性と企業にとっての柔軟性という2つの意味合いがある。両方に寄与することが期待されるが，時差出勤制度や週休3日制など，施策によっては，個人にとっての柔軟性よりも企業にとっての柔軟性を高める目的に活用される可能性の高い施策もある。仕事と育児の両立に資する柔軟な働き方として，個人が活用できるものになっているかどうか注意してみていくことが必要だ。また，週休3日制といっても様々なパターンがある。週当たり所定労働時間の短くなる，いわゆる「短日勤務」と，週当たり労働時間は変わらず1日当たりの所定労働時間が長くなる「圧縮勤務」が混在している。後者の場合，1日の労働時間が11時間など長時間になり，労働者個人からみて勤務日の柔軟性が損なわれる危険性がある。

4　両立支援が機能する働き方改革

　働き方改革は，子育てをしている社員のみならず，そうした社員を支援する，そして自身のWLBを重視する周囲の社員にとっても極めて重要である。

　本シリーズの『働き方改革の基本』（佐藤・松浦・高見，2020）の分析にあるように，今の時点で社員の働き方に問題がなく，成果も出せているとしてもそれがゴールではない。今後，企業を取り巻く環境の変化により，現在の職場に与えられているミッションも変わってくる可能性がある。人員構成も，例えば，子育てや介護で時間制約のある人，病気の治療を必要としたり，障がいを抱えて支援を必要としたりする人などがどの程度の割合で存在するか，などによって変わってくる。

　松原（2012）は，「今後は短時間勤務制度の利用者は育児に限らず，親の介護のための利用が増えると考えられ，1つの職場に複数人の短時間勤務者が働くケースも多くみられると思われる」とし，「働く人材やその価値観が多様化するとともに，いわゆる『時間制限のある人材』が労働市場の中心となる中で，人事管理の在り方も，正社員だけでなく，より幅広く多様な人材を活用できるものへと再構築していく必要があるだろう」と指摘している。「時間制限のある人材」である短時間勤務者が急拡大してきた日本においては，この新たな人材の位置づけを間違えば，多様な人材を活用するというダイバーシティ・マネジメントの推進から後退する危険性もある。短時間勤務制度は，「正社員の働き方に柔軟な選択肢をもたらす足がかりであり，労働人口が減少するなかで，多様な人材を活かすダイバーシティ・マネジメントを定着させる上での試金石ともいえる」（矢島，2011）ものである。ダイバーシティ・マネジメント推進のためにも，子育て社員の働き方の質を高めるためにも，同僚を含めた職場全体の働き方に着目していくことが重要であろう。

　働き方改革においては，時間制約のある子育て・介護社員を特別扱いせず，こうした社員を含めての，柔軟な働き方の選択肢拡大や効率的な働き方の導入を進めることが重要である。

　働き方改革が組織のあり方の見直しまでつながった企業と，法対応の時間管理で足踏みを続ける企業の差は，今後さらに大きくなる。そして，その差は，労働需給がひっ迫する日本において，企業の存亡に関わる問題となる可能性もある。多くの日本企業が，働き方改革によって，企業と社員がWin-Winとなる形で成果をあげ，多様な人材を受け入れ活躍を可能とする組織へと変わっていくことが期待される。

POINTS

◆　仕事と子育ての両立支援において，企業は，当事者の周囲の「同僚の働き方」にも着目する必要がある。同僚の働き方の課題には，大きく分けて2つある。1つは，制度利用者と同僚との働き方の違いから生じる軋轢であり，もう1つは，職場の同僚の多くの働き方が，制度利用者の就業継続や能力発揮に影響を与えるという問題である。

◆　制度利用者と同僚の軋轢は，不満・不公平感を制度利用者，同僚がそれぞれ抱えていることから生じている。双方の不満・不公平感の解消のためには，①同僚の制度利用者へのサポートに対する評価の明確化，②同僚が制度利用者の仕事を適宜サポートできるような残業削減などの職場の働き方改革の推進，③制度利用者が，仕事上の責務を果たせるような制度の柔軟化や働く意欲を喚起する取組み，社員全体の働き方の柔軟化，④両立支援制度の内容とその趣旨を職場構成員が理解できるように，周知の徹底による制度内容の理解促進を行うことでの公平性の確保，が必要である。

◆　多くの社員の働き方が，残業を前提としたフルタイム勤務ではなく，かつ，柔軟になることで，時間制約がある社員も組織に貢献できる働き方が可能となり，社員のWLBの実現と組織のダイバーシティ推進を通じた生産性向上とが，ともに実現する。

注

1　三菱UFJリサーチ＆コンサルティング（2012）の企業の人事担当者を対象とした調査で，両立支援推進による利用者以外の従業員のWLBへの影響を聞いたところ，企業規模が大きいほど「プラスの影響」「ややプラスの影響」との回答割合が高かった。

2　三菱UFJリサーチ＆コンサルティング（2012）で，2010年施行の改正育児・介護休業法に対応して両立支援の取組みを進めていく上での課題を聞いたところ，「制度利用者の代替要員の確保が難しい」「業務内容や職種で制度の利用しやすさに格差が生じる」に次いで，「利用対象外となる人が負担感や不公平感を感じてしまう」が多くあげられている。

3　コロナ禍においては，感染拡大や拡大防止措置に伴う企業の業務量への影響により，業務が縮小し，代替要員を入れずに運用する企業が増加したという見方もある。

4　ただし，これだけで円滑に配置できるわけではなく，高い業務スキルの場合の代替や財源の確保についてなどは，佐藤（2022a）を参照されたい。

5　インテージリサーチ（2014）では，管理職の回答割合は，「チーム全体で分担する仕事量や残業見通し」「各個人が分担した仕事に対する評価方針」について，「説明はしなかった」がそれぞれ9.9％，13.6％，「ほとんど納得していたと思う」が40.8％，32.9％となっている。管理職に対する設問には，「個人が分担する仕事量や残業見通し」についてはない。

6　育休者の業務の代替方法については，佐藤（2022a），脇坂（2002）に詳しい。

7　日本能率協会総合研究所（2021）の企業調査では，「制度周知のためのパンフレット・リーフレットの作成」を行っている割合は，令和2年度調査で10.9％にとどまっている。さらに，こうした社内周知ツールに給与や賞与における扱いや業務配分・目標設定・評価などの運用ルールが明記してあるとは限らない。同調査で，「管理職に対し，職場運営マニュアルの作成やマネジメント研修を実施（ハラスメントの防止，短時間勤務のマネジメント等）」を実施している割合も15.8％にとどまっており，かつ，ハラスメント研修のみの企業が多いとみられる。

参考文献

インテージリサーチ（2014）『平成25年度　育児休業制度等に関する実態把握のための調査研究事業報告書』（厚生労働省委託調査研究）.

金岡敬子（2018）「働き方改革が女性のキャリアに及ぼす影響」『四天王寺大学紀要』第66号，pp.169-186.

厚生労働省（2006〜2022）『就労条件総合調査』.

厚生労働省（2006〜2021）『毎月勤労統計調査』.

厚生労働省（2017，2020，2022）『平成21年度・令和元年度・令和3年度雇用均等基本調査』.

厚生労働省（2022）『育児・介護休業法のあらまし』.（https://www.mhlw.go.jp/stf/seisakunitsuite/bunya/000103504.html；2022年12月2日アクセス）

厚生労働省（2023）『令和5年度両立支援等助成金』.（https://www.mhlw.go.jp/stf/seisakunitsuite/bunya/kodomo/shokuba_kosodate/ryouritsu01/index.html；2023年8月4日アクセス）

坂爪洋美（2009）「両立支援策が従業員の就業継続意欲ならびに仕事への意欲に与える影響」内閣府経済社会総合研究所『平成20年度　ワーク・ライフ・バランス社会の実現と生産性

の関係に関する研究報告書』，pp.210-230.

坂爪洋美（2012）「人材の多様な活躍を支えるワーク・ライフ・バランスが開く可能性」古川久敬・山口裕幸編『〈先取り志向〉の組織心理学―プロアクティブ行動と組織』有斐閣，pp.193-223.

佐藤博樹（2011）「ワーク・ライフ・バランスと働き方改革」佐藤博樹・武石恵美子編著『ワーク・ライフ・バランスと働き方改革』勁草書房，pp.1-26.

佐藤博樹（2020）「勤務場所の柔軟化―在宅勤務などテレワーク」佐藤博樹・松浦民恵・高見具広著『働き方改革の基本』中央経済社，pp.105-129.

佐藤博樹（2022a）「育休取得，代替要員配置カギ　ワーク・ライフ・バランス」日本経済新聞『経済教室』．

佐藤博樹（2022b）「ダイバーシティ経営の土台としての働き方改革と「境界管理」」佐藤博樹・武石恵美子・坂爪洋美著『多様な人材のマネジメント』（シリーズダイバーシティ経営）中央経済社，pp.111-137.

佐藤博樹・武石恵美子（2008）「あとがき」佐藤博樹・武石恵美子編『人を活かす企業が伸びる―人事戦略としてのワーク・ライフ・バランス』勁草書房，pp.177-181.

佐藤博樹・武石恵美子（2010）「育児・介護休業と短時間勤務を利用しやすくする」佐藤博樹・武石恵美子『職場のワーク・ライフ・バランス』（日経文庫）日本経済新聞社，pp.93-131.

佐藤博樹・松浦民恵・高見具広（2020）「はじめに」佐藤博樹・松浦民恵・高見具広著『働き方改革の基本』（シリーズダイバーシティ経営）中央経済社，pp.3-5.

武石恵美子（2010）「ワーク・ライフ・バランス実現への課題―国際比較調査からの示唆」『RIETI Policy Discussion Paper Series 11-P-004』．

武石恵美子（2011）「働き方改革を進めるために」佐藤博樹・武石恵美子編著『ワーク・ライフ・バランスと働き方改革』勁草書房，pp.199-212.

武石恵美子（2012a）「ワーク・ライフ・バランスを実現する職場マネジメント」武石恵美子編著『国際比較の視点から日本のワーク・ライフ・バランスを考える―働き方改革の実現と政策課題』ミネルヴァ書房，pp.147-182.

武石恵美子（2012b）「ワーク・ライフ・バランス実現の課題と研究の視座」武石恵美子編著『国際比較の視点から日本のワーク・ライフ・バランスを考える―働き方改革の実現と政策課題』ミネルヴァ書房，pp.1-31.

武石恵美子（2013）「短時間勤務制度の現状と課題」『生涯学習とキャリアデザイン』10，pp.67-84.

武石恵美子・松原光代（2017）「短時間勤務制度利用者のキャリア形成―効果的な制度活用のあり方を考える」佐藤博樹・武石恵美子編『ダイバーシティ経営と人材活用―多様な働き方を支援する企業の取り組み』東京大学出版会，pp.135-155.

内閣府（2022）『第5回　新型コロナウイルス感染症の影響下における生活意識・行動の変化に関する調査』．（https://www5.cao.go.jp/keizai2/wellbeing/covid/index.html；2022年8月10日アクセス）

日本能率協会総合研究所（2021）『令和2年度　仕事と育児等の両立に関する実態把握のための調査研究事業（企業調査）』（厚生労働省委託調査）．

藤本哲史・新城優子（2007）「企業のファミリー・フレンドリー制度に対する従業員の不公平感」『組織科学』Vol.41, No.2, pp.19-28.

細見正樹（2014）「恩恵を受けない従業員にも配慮したワーク・ライフ・バランス支援に求められるもの―ポジティブ・アクションに対する非受益者の心理を手掛かりとした考察」『大阪大学経済学』64(1), pp.48-64.

細見正樹（2017）『ワーク・ライフ・バランスを実現する職場―見過ごされてきた上司・同僚の視点』大阪大学出版会.

細見正樹・関口倫紀（2013）「職場の同僚に着目したワーク・ライフ・バランス支援制度の利用促進に関連する要因の検討―地方自治体における実証分析」『日本労働研究雑誌』No.635, pp.92-105.

松原光代（2012）「ワーク・ライフ・バランス施策が効果的に機能する人事管理」武石恵美子編著『国際比較の視点から日本のワーク・ライフ・バランスを考える―働き方改革の実現と政策課題』ミネルヴァ書房, pp.85-109.

三菱UFJリサーチ＆コンサルティング（2012）『平成23年度　育児休業制度等に関する実態把握のための調査研究事業報告書（企業調査・労働者調査)』(厚生労働省委託調査).

矢島洋子（2011）「柔軟な働き方を可能とする短時間勤務制度の導入と運用」佐藤博樹・武石恵美子編著『ワーク・ライフ・バランスと働き方改革』勁草書房, pp.140-178.

矢島洋子（2012）「イギリスにおけるワーク・ライフ・バランス」武石恵美子編著『国際比較の視点から日本のワーク・ライフ・バランスを考える―働き方改革の実現と政策課題』ミネルヴァ書房, pp.213-251.

矢島洋子（2022）「コロナ禍で加速する働き方の多様化」『金融財政ビジネス』第11047号, pp.4-8.

脇坂明（2002）「育児休業の代替要員問題」『社会政策学会誌』 8巻, pp.178-194.

第 **6** 章

家庭・地域の子育て支援

　企業の両立支援や働き方改革の取組みにより，女性の正社員としての就業継続や男性の子育て参画が進むと，子育て世帯が地域に期待する子育て支援ニーズも変化してくる。また，家庭や地域における子育ての有り様の変化は，企業の両立支援に対する子育て社員のニーズをさらに変化させるというように，相互に関連する。地域における子育て支援は，保育所を中心とする保育サービスの動向が重要となるが，近年保育所の量的拡大や機能強化が進んできた中で，なお残る課題を整理する。

　また，子育て中の社員の両親等の親族による支援も，家族の同居形態の変化によりそのあり方が変化してきている。こうした親族や地域への子育て支援へのニーズは，女性のライフコース選択の意識や性別役割分業意識とも関連すると考えられることから，こうした意識がどのように変化してきたのかについても触れることとしたい。

1 子育て支援のニーズ

⑴ 子育て支援のニーズと現状

　前章までは，企業における両立支援を中心に議論を進めてきたが，子育てと仕事の両立のためには，地域における子育て支援や配偶者以外の親族等によるインフォーマルな子育て支援も重要である。特に，共働き家庭の増加により，地域や親族による子育て支援の必要性が高まっている。

　共働き家庭の増加に対する子育て支援は，日中の通常保育[1]が極めて重要に

図表6-1 保育を必要とする事由

- 就労(フルタイムのほか,【パートタイム,夜間,居宅内の労働など】)
- 妊娠,出産
- 保護者の疾病,障害
- 同居又は長期入院等している親族の介護・看護
- 災害復旧
- 【求職活動(起業準備を含む)】
- 【就学(職業訓練校等における職業訓練を含む)】
- 【虐待やDVのおそれがあること】
- 【育児休業取得中に,既に保育を利用している子どもがいて継続利用が必要であること】
- その他,上記に類する状態として市町村が認める場合

注:【】内は2015年の新制度から新たに加えられた事由
出所:こども家庭庁『よくわかる「子ども・子育て支援新制度」』

なる。家庭で保育ができず,保育サービスを必要とする事由としては,**図表6 -1**の内容があげられる。元来は,フルタイムの就労支援が主なものであったが,2015年にスタートした「子ども・子育て支援新制度」からは,パートタイム就労者や育児休業(育休)取得者,さらに就学のための利用などが正式に事由として加えられることとなった[2]。

こうした支援は,かつては,児童福祉法に基づき都道府県または政令指定都市,中核都市が設置を認可した「認可保育所」で主に提供されていた。2006年に保育所と幼稚園の機能を併せ持つ「認定こども園」がスタートし,定員数・利用数ともに認可保育所を上回っている。これらの認可施設の他に,児童福祉法上の保育所には該当するが,認可を受けておらず届出制の認可外保育所や,企業が自社の従業員のために設ける企業主導型保育事業などがある。

いずれにせよ,多くの保護者が働いている日中の時間帯の保育サービスに関しては,共働き世帯の増加に伴いニーズが拡大し,定員数・利用数ともに増加してきた。1990年代以降強化されてきた少子化対策においては,保育サービスの量的拡大が進められてきたが,保育ニーズの拡大に整備が追い付かない状況が続き,希望する保育所に入所できない待機児童が長年問題とされてきた。しかし,保育所の整備により,待機児童は2017年をピークとして,その後急速に減少してきた。

　2022年4月1日時点の厚生労働省「保育所等関連状況取りまとめ」では，保育所利用定員は前年比2.7万人増加し，利用する児童の数は前年比1.2万人減少した。対象年齢児童の保育利用率は，就学前児童全体で50.9％，1・2歳時で56.0％と，いずれも過去最高の割合に達している。すでに保育所の定員数は利用者数を大きく上回っており，認可外保育所や企業主導型保育所を除いた保育所・こども園等の認可型保育の定員は2022年で300万人を超えているが，利用児童数は約273万人である。

　このように，定員数の増加に伴って待機児童数は減少傾向にある（**図表6-2**）。また待機児童は地域的に偏在していたが，待機児童のいる市区町村数も減少してきている。この先，女性の就業率がさらに上昇したとしても，すでに出生数も女性の出産年齢人口も減少している状況を踏まえると，待機児童問題は解消することが予想される。残る問題は，地域や入所時期などに関する利用者の希望と受け入れ施設の現状とのミスマッチである。この点については，本章4「地域における子育て支援」で詳述している。

図表6-2　保育所等待機児童数及び保育所等利用率の推移

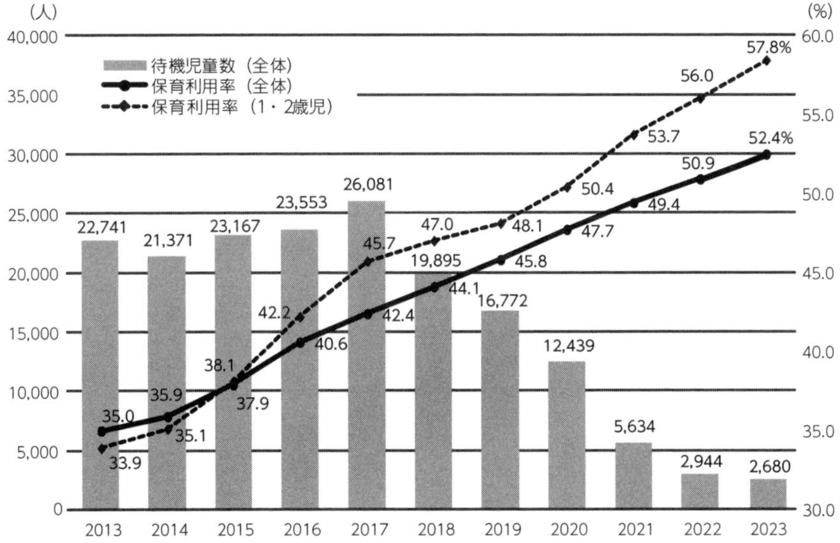

出所：こども家庭庁（2023）をもとに作成

　共働き世帯が増えただけではなく，女性の就業パターンが変化したことも保育のニーズに影響を与えている。かつては，妊娠・出産期に離職し，子が3歳以上など一定程度大きくなってから再就職する女性が多かったが，近年，離職せずに育休を取得し，子が1歳前後で復職する女性が増えたことから，0～2歳の低年齢児の保育ニーズが拡大し，そのため待機児童もこの年齢層に多く存在していた。3歳以上と比べ，保育士1人でみられる乳幼児の数が少ないため，0～2歳児の保育の拡大は困難であり，認可外保育所や企業主導型保育所等がカバーしてきたのもこの層の保育であった。

⑵　働き方の変化と子育て支援ニーズ

　子育て家庭の就労状況の変化は，子育て支援ニーズを変化させる。

　労働時間の長さ，働く時間や場所の柔軟性の有無などの「働き方」に着目すると，残業が削減されるなど夫婦それぞれの実労働時間が短くなり，働き方が柔軟になれば子育て支援の必要性が低下する可能性がある。実際に，育児期の短時間勤務や所定外労働の制限によって低下した保育ニーズもある。1990年代の保育所整備計画では，夜間保育や休日保育の必要性が強調されていたが，近年では，当時ほどにはそのニーズは高くはない。これには，女性のみならず男性も子育てに参画し，夫婦が働き方を工夫して子育てすることにより，夫婦いずれかが夜間や休日勤務が必要な職種に就いている場合でも，家庭内での子育てが可能となったという側面もある。

　ただし，働き方が多様化したことによって，通常保育がカバーする時間帯以外で働く労働者も増えており，併せて単身家庭も増えている。また，かつては，フルタイムで共働きする世帯では，夫婦それぞれの親や祖父母など親族によるインフォーマルな支援を得ている割合が高かったが，三世代同居の減少などにより，こうした支援を受けられる労働者も減少している。これらを背景として，通常保育がカバーする時間帯以外の保育ニーズは増加する可能性もある。

　今後さらに共働き世帯が増え，働き方も変化していく中で，地域や親族に期待される子育て支援は変化し，それに伴い企業に期待される両立支援も変化していくと考えられる。

2　変わる女性のライフコースと家庭内役割分担

　地域や家庭における子育て支援や企業が進める両立支援は，日本社会における
女性のライフコースや性別役割分業意識の実態がどのような方向に進んでいるか
を確認しながら検討する必要がある。本節ではこの点について概観しておきたい。

⑴　女性のライフコース選択に関する意識

　国立社会保障・人口問題研究所が5年おきに実施する[3]「出生動向基本調
査」の独身者調査で，女性のライフコースに関する理想をみると，2021年6月
の第16回調査で，男女ともに「両立コース」が初めて「再就職コース」を上回
り最多となった（女性：34.0％,男性：39.4％。**図表6-3**）。

　継続的に女性が就業する「両立コース」を多くの男性が希望するようになっ
てきたのは，自身の職場で就業継続し両立を図っている同僚女性が増えてきて
いることも影響していよう。また，男性の賃金が上がらないという現状におい
て，一方が家族内で唯一の稼得者として責任を持つことに対する不安などから，
共働きの必要性を認識しているとも考えられる。

　「出生動向基本調査」では，女性に対しては「理想ライフコース」の他に，
現実になりそうな「予想するライフコース」も聞いているが，この問いに対し
ては，「両立コース」は2015年から2021年にかけて横ばいで，「非婚就業コー
ス」が急増して最多回答となっている（**図表6-3**）。現実的には，子育てなど
の家庭責任と仕事の両立は困難で，結婚しないだろうと考える独身女性が多い
ことがうかがわれる。同調査では，結婚相手に求める条件も聞いているが，女
性が条件として「重視する」ものは，2021年は，「人柄」（88.2％），「家事・育
児の能力や姿勢」（70.2％），「仕事への理解と協力」（55.9％）が上位である。
「家事・育児の能力や姿勢」は1997年の43.6％から約27ポイント増加している。
一方で，女性が男性の職業や経済力を重視する傾向も変わってはおらず，重視
する条件がこのように多様になっていることも，現実的には，「非婚就業」に
なるであろうと考える女性が多くなっている要因の1つと考えられる。

図表6-3 女性の理想・予想のライフコース，男性がパートナーに望むライフコース[4]

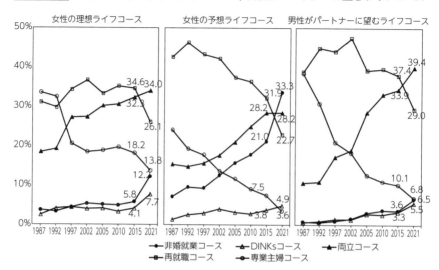

注：DINKsコース＝結婚するが子どもは持たず，仕事を一生続ける
出所：国立社会保障・人口問題研究所（2022）

(2) 性別役割分業意識の実態

　では，家事・育児等の家庭内役割分担の意識と実態は，どう変化しているのであろう。内閣府の世論調査（2019）では，「夫は外で働き，妻は家庭を守るべきである」という固定的性別役割分業意識について，1992年には男女ともに「賛成（「賛成」「どちらかといえば賛成」）」が過半数を占めていたが，2019年には男女ともに逆転し，「反対（「反対」「どちらかといえば反対」）」が過半数を占めている（**図表6-4**）。ただし，年代別にみると，必ずしも若年層で「反対」の割合が高いわけではない。

　久保（2017）は，夫の家事・育児参加の程度に関して，妻が正社員のほうが，そして，「共働きならば家事育児を平等に分担すべき」という平等型ジェンダー観の高い夫のほうが家事頻度も育児頻度も高いことを示している。

　また，内閣府（2014）の意識調査では，家庭での育児や家事の役割について「妻が主体（「妻の役割である」「基本的に妻の役割であり，夫はそれを手伝う

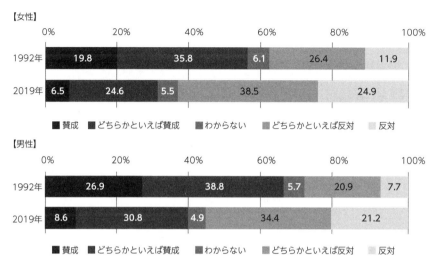

図表6-4 「夫は外で働き，妻は家庭を守るべきである」という考え方に関する意識

出所：内閣府男女共同参画局（2019），内閣府大臣官房政府広報室（世論調査担当）（2019）をもとに作成

程度」）」で行うべきと考える人は男性49.7％，女性59.7％と，女性が男性より10ポイント高いというデータがある（**図表6-5**）。「妻も夫も同様に行う」についても女性は男性を8ポイント下回っている。いずれの年代でも，「同等（「妻も夫も同様に行う」「どちらか，できる方がすればよい」）」という回答は女性より男性が多く，特に30代では20ポイント以上と差が大きい。これは意識調査ではあるものの，女性の回答には実際の役割分担が反映されている可能性もある。男性の家事・育児への参画意識の向上に反して，実際の分担が低調であることにも影響され，年代にかかわらず従来型の意識を持った女性が存在することをうかがわせるものであり，根強く固定的性別役割分業意識を持つ人が今も一定割合で存在し続けているといえる。

　日本人の生活を大きく変えたコロナ禍は，夫婦の役割分担にも影響を与えた。コロナ禍で発出された緊急事態宣言時に，夫婦間の家事・育児分担割合がどう変化したのかを分析した三菱UFJリサーチ＆コンサルティング（2021）では，2回目までの緊急事態宣言で夫の家事・育児の分担割合が増加していることを

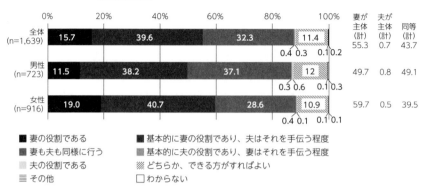

図表6-5 | 育児や家事が夫婦どちらの役割か

出所：内閣府政府統括官（共生社会政策担当）（2014）

確認している（**図表6-6**）。年代別にみると，もともと家事・育児分担割合の高い20代・30代で，さらに夫の家事・育児分担割合が増加している。

　一方で，コロナ禍のさなかには，保育所や学校に通わせられない時期があったことや，家族の健康維持等のコロナ対策で，家庭において担うべき家事・育児の絶対量が増えているとみられ，男性の分担割合が多少増加しても，女性の負担が軽くなったということではないとみられる。

　家事・育児時間のコロナ前とコロナ禍のさなかでの変化について，村松（2020）は，「家族と過ごす時間や家事や育児の時間は男女ともに増加していたが，家事・育児の時間が増加した人の割合の男女差は大きく，相対的に，出勤状況にも労働時間にもあまり変化がない女性で，家事や育児の時間が増えていた」と指摘している。

　また，性別役割分業意識や家庭内の家事・育児の分担割合については，男性が家事・育児を担うことを肯定する意識が高まりつつあるものの，あくまでもこうした意識は夫婦間でみたときの変化であり，世代の異なる親族間や地域によっては，性別役割分業に関する旧来の認識が根強く残っていると考えられる。

　しかし，これまで述べたように，ゆっくりとした変化ではあるが，共働き家庭の増加とその中での女性のライフコース選択の変化に伴い，家庭内の役割分担にも変化が起きつつある。

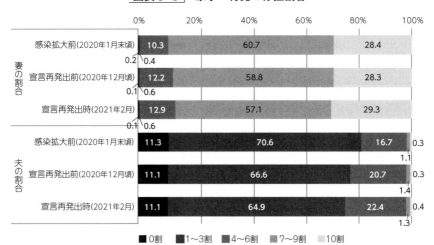

図表6-6　家事・育児の分担割合

注1：「妻の割合」は妻：n=834が回答，「夫の割合」は夫：n=796が回答
注2：緊急事態宣言とは，2021年1月14日から再発出された緊急事態宣言を指す
出所：三菱UFJリサーチ＆コンサルティング（2021）

3　親族等によるインフォーマルな支援

⑴　世帯構成の変化と親族の支援

　先に述べたように，育休取得後の短時間勤務が普及する以前は，正社員とし
て仕事と子育ての両立を図っている女性の多くは，自分の両親や祖父母などに
よるインフォーマルな支援を受けていたケースが多かった。日本企業における
「スタンダードな働き方」であった「フルタイムかつ残業の可能性の高い働き
方」で両立しようとすると，通常の日中保育に一定程度の延長保育を利用する
としても，両立が困難であった。そのため，正社員としての就業継続には，親
族による支援が必要な状況があった。

　親族によるインフォーマルな支援の状況を測る指標としては，三世代同居率
が用いられるが，地方も都市部も三世代同居率が低下してきており，両親を中

心とする親族の支援が少なくなっていることがうかがえる。一方で，親と近居する割合が増えており，同居ではなく近居の形で支援を受けているパターンも増えていると考えられ，三世代同居率のみでは親族による子育て支援の実態を把握することが難しくなっている。

　また，完結出生児数をみると，同居と近居とでは同水準であり，別居よりも若干高い傾向にある。この点だけをみれば，同居と近居では，インフォーマルな支援の効果に大きな差がない可能性が指摘できる（**図表6-7**）。ただし，出生児数に影響はなくとも，子育ての質に関わるような差がないとは言い切れない。

　同居する両親からの支援については，一部が近居での支援に置き換わっただけではなく，インフォーマルな支援そのものがゆるやかに減少してきているという傾向もある。親族による支援の頻度については，国立社会保障・人口問題研究所の「出生動向基本調査」の夫婦調査で把握している。最初の子どもが3歳になるまでに夫方・妻方の母親から子育ての手助けを受けた（「日常的に」「ひんぱんに」子育ての手助けを受けた）割合は，第1子出生年が1980～1990年代にかけては上昇傾向にあったが，2000年以降は5割程度で横ばいに推移し，2010年以降では52.9％となっている（**図表6-8**）。第1子が1歳時に妻が就業

図表6-7　母親との現在における同・近・別居の別にみた完結出生児数（結婚持続期間15～19年）

親との同近別居	第11回調査（1997年）	第12回（2002年）	第13回（2005年）	第14回（2010年）	第15回（2015年）
同居	2.30人	2.36人	2.21人	2.09人	2.03人
	(31.3%)	(36.8%)	(28.1%)	(21.9%)	(18.7%)
近居	2.25人	2.10人	2.11人	1.99人	2.02人
	(26.7%)	(25.9%)	(34.1%)	(40.2%)	(42.9%)
別居	2.08人	2.21人	1.97人	1.84人	1.83人
	(34.2%)	(32.2%)	(30.8%)	(34.9%)	(33.2%)

注：初婚どうしの夫婦を対象とする。（　）内は母親との同別居の状況が不詳およびいずれの母親も死亡しているケースを含む全数を分母とした夫婦割合。夫あるいは妻の母親のいずれかが同居，あるいは別居していれば，それぞれのカテゴリーに属する。同居には同じ敷地内で別居の場合も含む。近居は，同じ市区町村内で別居している場合
出所：国立社会保障・人口問題研究所（2017）をもとに作成

図表6-8　第1子出生年別にみた，第1子が3歳になるまでに夫妻の母親から子育ての手助けを受けた割合の推移

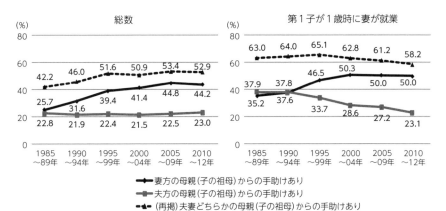

妻方の母親（子の祖母）からの手助けあり
夫方の母親（子の祖母）からの手助けあり
（再掲）夫妻どちらかの母親（子の祖母）からの手助けあり

出所：国立社会保障・人口問題研究所（2017）

している場合に限ると，1995年～1999年に65.1％でピークとなって以降，ゆるやかに低下しており，2010～2012年には58.2％にまで落ちている。直近のデータでは，第1子が1歳の時点で就業している女性のうち，4割強は夫方・妻方の母親の支援を受けずに子育てをしていることがわかる。また，同調査では，「就業継続型」の女性は「再就職型・専業主婦型」の女性に比べて，「夫方・妻方の母親」と子育て関連の「制度・施設」の両方の支援を受けている割合が高いことも示されている[5]。

(2)　親族等による支援内容

　親族によるインフォーマルな支援には，急な仕事による予定変更や子の体調変化など，公的な保育サービスでは対応が困難である柔軟な預かり保育機能を担ってきた，という側面がある。ただ，そうした柔軟な預かり保育機能については，子育て社員が働き方を調整することにより一定程度ニーズを減らすことも可能である。

　これは実際に，短時間勤務や所定外労働の制限，看護休暇などの両立支援制度の普及により，両親など親族の支援を受けられない子育て社員も両立を図っ

て就業継続するようになってきていることからもわかる。三菱UFJリサーチ＆コンサルティング（2020）は，インフォーマルな支援の少ない東京で，社会的な子育て支援がインフォーマルな支援を代替する力を持ってきたことや，女性の妊娠・出産時の離職の減少で，職住接近を優先して都内で家族形成を図る正社員カップルが増加し，そのことが東京の出生率を上昇させている可能性に言及している。

　一方，両親など親族によるインフォーマルな支援の重要性は，単なる預かり保育機能の代替ではなく，一緒に子どもの成長を見守り，子育ての悩みの相談やアドバイスを受けられる精神的な支えになりうる，という意義も大きい。もちろん，身内であるが故に子育て方針が合わない，子育てと同時期に親の介護もスタートしてしまうなど，逆に悩みを抱える場合もあろう。だが今後，こうした親族によるインフォーマルな支援が減っていく状況下では，代替する社会的な資源として，預かり保育における柔軟なスケジューリング対応のみならず，子育て不安に寄り添い，その不安を軽減するような相談機能を拡充していく必要性が高まっている。

　また，インフォーマルな支援として，**図表6-8**に示したように，これまでは親族ではカップルの母親の役割が注目されがちであったが，実際には，カップルの父親などの男性親族や近隣の知人等の支援も重要であり，今後そうした支援が増えていく可能性も考えられることから，その前提でインフォーマルな支援の状況を把握する必要がある。

　なお，親族によるインフォーマルな支援は，調査設計や分析の時点から，「主に母親といった女性親族からのもの」を前提としている場合もあり，こうしたジェンダーバイアス[6]によって，課題が見えにくくなっている可能性にも注意を払う必要がありそうだ。

4　地域における子育て支援

(1)　保育サービスの利用の現状と課題

　認可保育所等の地域の子育て支援サービスの利用状況には，どのような変化や課題があるのだろうか。また，地域の子育て支援の変化は，企業における仕事と子育ての両立支援にどのような変化をもたらすのであろうか。

　本章の冒頭で述べたとおり，待機児童問題は解消に向かっているとはいえ，現在でも一定の待機児童がいることも事実である。また，数の上では解消に向かっているものの，第1子と第2子が同じ保育所に入れない，近所の保育所に入れず送迎に時間がかかってしまう，といった利用者の希望に合致していない問題も指摘されているなど，子育て家庭のニーズに十分応えているとはいえない状況にある。

　育児・介護休業法上，育休は，原則として子が1歳になるまでの休業が認められており，保育所などに入所できない場合に限り，子が1歳6カ月まで延長可能である。さらには，2017年の育児・介護休業法改正で，再延長で2歳までの延長が可能となった。厚生労働省「雇用均等基本調査」（2019，2022）で，復職した女性の育休取得期間をみると，2021年度は2018年度と比較して1年以上の取得が大きく増加している。育休の延長が可能であるというと利用者にメリットがあるように受け止められがちであるが，本人が自身のキャリア形成や経済的事情などから，子が1歳時点まででの復帰を希望しているにもかかわらず，保育環境の未整備が原因で復帰できないのであれば，不利益が発生していることになる。今後，女性のキャリア意識が高まっていけば，保育サービスの未整備によるキャリアへの影響に関して課題意識が高まる可能性がある。

　正社員の女性の場合，多くは産休・育休を取得し，育休からの復職時に保育サービスの利用を開始するが，復職のタイミングで保育サービスが利用できるかが不確かであるということは，本人の不安につながり，キャリアに対する消極的な意識につながったり，場合によっては，復職のハードルを上げてしまっ

たりすることになりかねない。子どもの保育所等への入所を希望している人について，希望する時期に保育所等へ入所できそうかを尋ねた調査では，正社員女性では，「できそうである（「あてはまる」「ややあてはまる」）」と回答した人は，39.7％にとどまる（三菱UFJリサーチ＆コンサルティング，2019）。また，厚生労働省「雇用均等基本調査」（2021）では，保育所に入所できないために育休を延長した女性の割合は，「子が1歳の時点」での延長が23.0％，「子が1歳6か月の時点」での延長が10.9％となっている。企業としても，復職時期が不確かになることによって，代替要員の確保や復職後に任せる仕事内容や職場での役割分担を見通しにくいといった問題が生じる。出産した社員は，「保活」といって，保育所を確保するための情報収集や多くの保育所への見学・申し込みなど，休業中にも大きな負担を強いられることにもなっている。

　保育所入所に関しては，入所時期が硬直化しているという問題が大きい。政府が掲げる「新子育て安心プラン」では，2021年度から2024年度までの4カ年計画により，2024年度末までに保育の受け皿の拡大を図ることによって，全市区町村で待機児童が解消する見込みであるとしている。待機児童問題がなくなれば，本人も企業も復職の見込みが立てやすくなるが，ここでいう待機児童の解消とは，あくまで年度初めの4月1日時点のことである。年度初め以外での保育利用の開始は，依然多くの自治体で困難であり，年度初めの待機児童問題が解消された後は，今度は，どこまで入所時期の柔軟性を高められるかが課題となる。

　実際に，年度初めという入所時期の硬直化は，子が1歳時点でスムースに保育利用できる可能性が子の生まれ月によって大きく異なる，という不公平を生んでいる。三菱UFJリサーチ＆コンサルティング（2019）では，末子の生まれ年・月と復職・再就職した年・月の関係をみているが，正社員女性についてみた場合，子の出生の翌年の4月に復職・再就職した割合は，4月〜6月生まれで4割台と高くなっており，7月以降の生まれになると，翌々年4月の割合も1割以上と徐々に高くなり，12月生まれでは，翌々年4月復職の割合が最も高くなる。4月の保育所入所に合わせて休業期間を延長する例ばかりではなく，不本意ながら，休業期間を短く切り上げる場合もある。企業に対しては，本人

のキャリアにおいて不利益とみられる復職時の配置や仕事のアサインを行うことを禁じており，保育環境の未整備によるひずみのしわよせが企業に転嫁されているという見方もできよう。

　産休や育休からの復職の時期については，子育て社員の希望が優先されることが重要であり，そのためにも，年度初めに限らず保育サービスの利用が確実に保障されることが求められ，それにより復職の見込みを立てられるようになる。「保育所入所時期の柔軟化」については，厚生労働省も自治体の入園予約制等の施策の実態や諸外国の取組み等について調査を行い，施策の検討を行っている[7]。2024年度までに年度初めの待機児童問題が解消した後には，年度初めに限らず，子が1歳までの当初計画したタイミングでの復職が実現するような地域の子育て支援環境の整備が期待される。そうなれば，企業もこれまでとは異なり，復職計画が立てやすくなることを前提に，子育て社員のキャリア支援を検討することになろう。

　また，入所判定において「保育に欠ける」子育て家庭の要件にカウントされる「ポイント」は自治体によって基準が異なるが，短時間勤務制度を利用している場合，フルタイム勤務に比べてポイントが低くなり，入所の確率が下がるといった自治体も残っている。子の祖父母の同居がポイントを下げることにつながる自治体もある。今後は，働き方の柔軟性や同居・近居の親族の有無によって保育所の入所しやすさに差がつかないよう，判定基準の見直しも必要となろう。

　働いている日中の預かりについては，認可・認可外保育所に限らず，幼稚園の延長保育も拡大し，幼保連携による認定こども園の利用も増加している。その中で，各制度間での保育内容や就学前教育としてのプログラムの違いの問題も浮き彫りになってきている。かつては，保育所は主に「預かり」の場であり，幼稚園は「教育」の場であったが，現在は，保育所を利用する「働く親」の中にも，その両方の場としての保育サービスへの期待があり，選択可能性が広がることが期待される。

180

⑵ 保育以外の地域の子育て支援

　通常の保育以外の子育て支援については，全国レベルの利用実態は詳細に把握されていない。2014年のデータになるが，未就学の子を持つ親についてみると，保育以外の子育て支援についての利用は低調である。特に，正社員同士のカップルでは，認可保育所（認定保育所を含む）や認可外保育所，幼稚園など，通常働いている日中の預かりサービスの利用がほとんどであり，地域（自治体・NPOなど）において行われているひろば事業や地域子育て支援センター，子育てに関する相談サービスの利用は少ない。正社員と非正社員のカップルや正社員と専業主婦（夫）のカップルでも，そうした相談機能などを持つサービスの利用割合は，正社員カップルをわずかに上回る程度である（**図表6-9**）。

　ただし，女性が出産時に産休・育休を取得し，その後，時間制約のある正社員となる就業継続スタイルが増えてくると，地域における子育て支援へのニーズが変化することも考えられる。こうしたライフコース選択が増えた場合，妊

図表6-9　夫婦の就業形態別利用している・利用したことのあるサービス：未就学児

	正社員−正社員	正社員−非正社員	正社員−専業主婦・夫
認可保育所（認定保育所含む）	56.9	38.9	11.0
認可外保育所	12.9	12.0	4.3
認定こども園	5.2	4.0	3.0
幼稚園	13.6	34.5	43.3
幼稚園の預かり保育	4.4	14.7	12.7
ベビーシッター	1.9	1.6	0.9
保育ママ	2.1	1.9	0.7
一時預かり	8.2	13.6	11.4
病後児保育サービス	6.1	2.7	0.7
ファミサポなど地域互助サービス	5.5	4.3	3.4
つどいの広場・子育て支援センター	8.7	9.7	14.2
子育てに関する相談サービス	2.7	3.4	4.1
ない	10.0	11.6	22.9

注：調査対象は未就学の子を持つ父2,000人，母2,000人
出所：三菱UFJリサーチ＆コンサルティング（2014）

娠中も働いているために夫妻の親等の家へ気軽に里帰りすることも難しいことから，妊娠中および出産後の不安解消や今後のライフプラン検討等において，身近な自治体による情報提供や相談機能がこれまで以上に期待される。特に，都市部の就業者は出産前に地域で友人・知人など相談できるネットワークを持たない人も多いことから，出産や子育てに関して相談できる場と地域のネットワークづくりの支援が重要となろう。実際には，出産後の乳児健診や地域子育て支援センター等で仲間づくりをする親子が多いとみられるが，育休取得後の復職を想定し，地域で仲間づくりをする必要性を感じないまま育休明けを迎えてしまい，いざとなると助け合うネットワークを持たない，というケースもあるため，出産前後から育休中のネットワークづくりへの働きかけが重要となる。

　NPO等の子育て支援団体は，主に子どもや子育てに関する支援を行っているが，近年は，母親の育休復帰やライフプランニングを積極的に応援しようとする動きもある。同じ相談といっても，「母親」としての相談しかできない場合と，仕事や自分のライフプラン全般の相談ができるのとでは，大きな違いがある。本来，後者の相談は，子育て支援団体等にのみ頼るのではなく，男女共同参画センター等の機関の関わりが期待されるものであり，母親としてだけでなく，自身のライフプラン全般の相談や選択の学びができるよう，場やプログラムの情報提供が行われることも期待される。

　また，国や企業も男性の育休取得を契機とした子育て参画を後押ししているが，地域においても，こうした動きに呼応して，男性の子育てを地域としてサポートすることが必要であろう。ここでも，育休を取得した父親が主体的に子育てをしていることに対する，ジェンダーバイアスによるネガティブな反応を減らすことが肝要であろう。地域住民への働きかけも必要だが，保育士・幼稚園教諭・保健師・看護師，小児科医等，子育てに関わる専門職にもこうしたバイアスが存在している場合がある。母親は子育てをして当然であり，逆に，子育てを担う父親は特別である，といった見方を前提として母親に対する厳しい指導を行う専門職などが存在し，父母ともにそのバイアスに基づく心無い言葉に傷ついている可能性もあることなどから，専門職へのジェンダー教育も求められる。

　松原（2014）は，「地域社会としてWLBに取り組む気運を醸成していくためには，その地域の住人にWLBに関して関心を持ってもらうとともにWLBの必要性を実感してもらうことも重要である」とし，自治体におけるイベントの開催やツールの配布等による働きかけを紹介している。「地域社会全体で男女で子育てすることを支援する気運の醸成」にも，子育て世代や若年層のみならず，その親世代である高齢者層をターゲットとして展開する事例などを示し，「これまでWLBにあまり関心を寄せていない層へのアプローチの重要性」を指摘している。子育て支援に親世代である高齢層の参加を図っているNPOの事例[8]では，「育児が一段落した女性や退職後のシニア世代の地域活動・社会参加支援」とともに，「老若男女共同参画で地域の育児力の向上を図る」ことを目標としているものなどがある。また，新道（2013）は，孫のいる40代以上の世代において，親族以外への育児支援について支援意向がある人がどの年齢層でも4～5割を占めていることを明らかにしており，地域の資源としてのそうした層の取り込みの可能性を示唆している。

　地域の子育て支援団体の中には，コロナ禍で「集う」ことが困難になった状況を受け，いち早くオンラインの支援をスタートさせた団体もある。今後，こうした取組みが広がれば，例えば，現在の居住地とは異なる生まれ育った地域の友人等と一緒に親子で集い，相談支援を受けるといった可能性も出てくる。支援者や友人・知人に，子どもの育ちを直接見守ってもらう安心感の醸成には，リアルな場での集いが重要なのはいうまでもないが，どのような方法でも「孤育て」状態になることを防ぐために，多面的な支援が期待される。

⑶　地域と企業の連携

　女性の仕事と子育ての両立は妊娠期にスタートするが，本格的に両立支援が必要となるのは，産休・育休という職場から離れている時期からである。この時期に，企業や職場から働きかけられることは限られている。だからといって，本人次第ということにするにはリスクが高い。この時期に良い形での育児をスタートできなければ，復職後の両立も困難となる可能性があるからだ。

　具体的には，新しく親となった夫婦が協力し合い，子どもの健康状態や性格

などの特徴をよく理解し，不調の際の対策を講じること，必要な小児科医や通常保育以外の緊急時の預け先等を確保すること，助け合える子育て仲間や信頼できる地域の支援者などとつながることなど，仕事と子育ての両立に向けた体制づくりが求められる。その際は，夫婦で子育てや互いのキャリアについてよく話し合って，役割分担や助け合いのルールを決め，休業期間中にトライしておくことも重要になる。そうしたことが準備できているかどうかで，復職後の生活や仕事への影響も異なる。

　育休取得前後の面談や研修を実施している企業では，夫婦の役割分担や話し合いの必要性を伝えたり，経験者をロールモデルとして紹介したりする取組みが行われている[9]。一方で，地域のサービスや支援についての情報提供は，介護に関しては取組みが進められてきているが，子育てに関しては実施する企業は少ない。子育てに関しては，もともと両立のために活用するサービスがほぼ保育所に限定されていたため，「サービスの利用」についての情報提供の必要性が低いと考えられてきた。しかし，現在は，地域子育て支援センターを中心として様々な支援が受けられることから，こうした地域の支援の存在について，企業から社員に伝えることも有用であろう。特に，男性社員については育休取得の周知にとどまりがちであるが，幅広く地域の子育て支援情報や両立のための働き方の工夫，職場での相談支援やネットワークなどについて，情報提供することも必要となる。

　また，子育て社員が先に紹介したような両親等の親族の支援を受けにくい場合には，地域のNPOや隣人としてのシニア層の支援を得ることが有効な場合も多く，出産前から地域活動に参加するなどネットワークづくりを行っていることが大事であり，そうした意識づけを企業が行うことも可能である。子育て社員は，自身が暮らす地域の中にどのような支援があるかを把握しておくことに加えて，自らも地域の防災や高齢者支援などに参加することで，地域の一員としてお互い様の関係づくりをしておくといった意識の醸成も必要となろう。

POINTS

◆　子育て家庭の働き方の変化に伴い，地域や親族などの子育て支援に対す

る子育て当事者のニーズも変化している。男女ともに，女性のライフコースの理想として，仕事と子育ての両立による就業継続を選択する割合が高まっており，これも子育て支援のニーズの変化を促すことになる。

◆　親族によるインフォーマルな子育てに関する支援は減少傾向にある。職住接近で夫婦のみで仕事と子育ての両立をする正社員カップルも増えつつあり，地域の子育て支援には，これまで以上に子育て家庭の不安等を支える相談機能が求められる。

◆　保育所の待機児童問題は，数の上ではいずれ解消されるとみられるが，年度初めに限らず年度途中にも柔軟に入園可能とすることや，利用者のニーズに即した保育環境整備が期待される。また，地域や子育て支援関係者のジェンダーバイアスを解消し，夫婦がともに子育てをしながらキャリア形成するための支援が，職場以外でも行われることが期待される。

注

1　通常保育は，共働きや親族の介護などの事情で，家庭で保育できない保護者への支援として，日中8時間を基本とし，最大11時間までの保育を提供するものである。

2　国によって認められる以前から，就労の有無によらず，誰でも保育所を利用できるとしていた地域もあった。また，2023年現在，政府は，「こども誰でも通園制度」を2024年度よりスタートさせるとして，一部の自治体でモデル事業を実施している。このように，保育所の利用事由は拡大する傾向にある。

3　第16回調査は，新型コロナウイルス感染拡大のために当初の予定が1年延期されたが，調査員による回収が難しい場合には郵送回収も可能とした上で，2021年6月に予定した全調査区で実施された。

4　対象は18〜34歳の未婚者。その他および不詳の割合は省略。

5　「再就職型・専業主婦型」は，「夫方・妻方の母親」のみの支援の割合が「継続就業型」よりも高い。

6　例えば，「出生動向基本調査」も夫婦調査としながら，調査は女性のみを対象に行われている。基本集計では，常に「夫婦調査」として扱われているが，二次分析等においては，「母親」の意志のみが出生動向に影響しているかのような誤ったイメージを作り出しかねない。

7　調査研究の例として，厚生労働省子ども・子育て支援推進調査研究事業により，三菱UFJリサーチ＆コンサルティングの「保育所入所時期の柔軟化に関する調査研究事業」

（2020）等がある。
8　NPO法人あい・ぽーとステーションが実施している子育てひろば＜あい・ぽーと＞は，区と協働で運営され，「親子が楽しく過ごせる場所と時間の提供」「育児が一段落した女性や退職後のシニア世代の地域活動・社会参加支援」「老若男女共同参画で地域の育児力の向上を図る」を目標としている。大日向（2009）による。
9　厚生労働省からも「〜円滑な育休取得から職場復帰に向けて〜中小企業のための「育休復帰支援プラン」策定マニュアル」が出されている。育休取得前後に必要な支援や面談，プラン作成のためのヒアリング項目等を記したシート等も提示している。（https://www.mhlw.go.jp/stf/seisakunitsuite/bunya/0000067027.html；2024年1月16日アクセス）

参考文献

大日向雅美（2009）『「母性愛神話の解放」から「地域の育児力向上への取り組み」へ：子育てひろば＜あい・ぽーと＞の実践を踏まえて』「ゼロから考える少子化対策プロジェクトチーム」第8回会合，資料4．

久保桂子（2017）「共働き夫婦の家事・育児分担の実態」『日本労働研究雑誌』No. 689, pp.17-27．

厚生労働省（2019，2021，2022）『令和元年度・令和3年・令和4年度雇用均等基本調査』．

厚生労働省（2022）『保育所等関連状況取りまとめ（令和4年4月1日）』．

国立社会保障・人口問題研究所（1997）『第11回出生動向基本調査（結婚と出産に関する全国調査）』．

国立社会保障・人口問題研究所（2017）『現代日本の結婚と出産―第15回出生動向基本調査（独身者調査ならびに夫婦調査）報告書』（https://www.ipss.go.jp/ps-doukou/j/doukou15/report15html/NFS15R_mokuji.html；2024年1月16日アクセス）

国立社会保障・人口問題研究所（2022）『現代日本の結婚と出産―第16回出生動向基本調査（独身者調査ならびに夫婦調査）報告書』．

こども家庭庁「新子育て安心プラン」（https://www.cfa.go.jp/policies/hoiku/shin-plan/；2024年1月15日アクセス）

こども家庭庁（2023）『保育所等関連状況取りまとめ（令和5年4月1日）』（https://www.cfa.go.jp/policies/hoiku/torimatome/r5/；2024年1月16日アクセス）

こども家庭庁『よくわかる「子ども・子育て支援新制度」』（https://www.cfa.go.jp/policies/kokoseido/sukusuku；2024年1月16日アクセス）

新道由記子（2013）「祖父母と育児―祖父母のライフスタイルとしての育児支援」『季刊家計経済研究』第97号，pp.23-32．

内閣府大臣官房政府広報室（世論調査担当）（2019）『男女共同参画社会に関する世論調査（令和元年調査）』（https://survey.gov-online.go.jp/r01/r01-danjo/；2024年1月16日アクセス）

内閣府政府統括官（共生社会政策担当）（2014）『家族と地域における子育てに関する意識調査報告書』（https://warp.da.ndl.go.jp/info:ndljp/pid/13024511/www8.cao.go.jp/shoushi/shoushika/research/h25/ishiki/pdf/mokuji.pdf；2024年1月16日アクセス）

内閣府男女共同参画局（2019）『男女共同参画白書　令和元年版』（https://www.gender.

go.jp/about_danjo/whitepaper/r01/zentai/index.html；2024年1月16日アクセス）

松原光代（2014）「企業のワーク・ライフ・バランス推進と自治体の支援」佐藤博樹・武石恵美子編『ワーク・ライフ・バランス支援の課題—人材多様化時代における企業の対応』東京大学出版会, pp.271-288.

三菱UFJリサーチ＆コンサルティング（2014）『2014年度子育て支援策等に関する調査結果のお知らせ』（自主調査）（https://www.murc.jp/wp-content/uploads/2014/12/press_141208.pdf；2024年1月16日アクセス）

三菱UFJリサーチ＆コンサルティング（2019）『平成30年度　仕事と育児等の両立に関する実態把握のための調査研究事業報告書（労働者アンケート調査結果)』（厚生労働省委託調査）.

三菱UFJリサーチ＆コンサルティング（2020）『地方自治体における少子化対策の取組状況に関する調査報告書』（令和元年度内閣府委託事業）.

三菱UFJリサーチ＆コンサルティング（2021）『全国1万人調査　第2回「緊急事態宣言下における日本人の行動変容」』（独自調査）（https://www.murc.jp/library/survey_covid-19_ver2/；2024年1月16日アクセス）

村松容子（2020）「共働き世帯におけるコロナ自粛中の家事・育児時間の変化—家事・育児時間は男女とも増加。増加割合には男女差。」『ニッセイ基礎研レポート』.

索　引

■著者紹介

矢島洋子（やじま・ようこ）

序章，第2章，第3章，第5章，第6章

三菱UFJリサーチ&コンサルティング主席研究員／執行役員。

専門は少子高齢社会対策，ダイバーシティ推進。

著書に『新訂　介護離職から社員を守る』（共著，労働調査会，2018年），『ダイバーシティ経営と人材活用』（分担執筆，東京大学出版会，2017年），『国際比較の視点から日本のワーク・ライフ・バランスを考える』（分担執筆，ミネルヴァ書房，2012年）など。

兼職として，厚生労働省・労働政策審議会雇用環境・均等分科会，こども家庭庁・こども家庭審議会基本政策部会，文部科学省・女性の多様なチャレンジに寄り添う学びと社会参画支援事業委員など。

武石恵美子（たけいし・えみこ）

序章，第2章，第4章

責任編集者紹介を参照。

佐藤博樹（さとう・ひろき）

序章，第1章

責任編集者紹介を参照。

■責任編集者紹介

佐藤博樹（さとう・ひろき）

東京大学名誉教授，中央大学ビジネススクール・フェロー。専門は人的資源管理。

著書に『人材活用進化論』（日本経済新聞出版，2012年）『新しい人事労務管理〈第7版〉』（共著，有斐閣，2023年），『ダイバーシティ経営と人材活用』（共編著，東京大学出版会，2017年）など。

兼職として，内閣府・男女共同参画会議，経済産業省・なでしこ銘柄選定基準作成委員会など政府の審議会や研究会の委員長等を歴任。

武石恵美子（たけいし・えみこ）

法政大学キャリアデザイン学部教授。博士（社会科学）。

専門は人的資源管理論，女性労働論。

著書に『キャリア開発論〈第2版〉』（中央経済社，2023年），『ワーク・ライフ・バランス支援の課題』（共編著，東京大学出版会，2014年），『国際比較の視点から日本のワーク・ライフ・バランスを考える』（編著，ミネルヴァ書房，2012年）など。

兼職として，厚生労働省・労働政策審議会委員，厚生労働省・労働政策審議会人材開発分科会会長など。

シリーズ　ダイバーシティ経営
仕事と子育ての両立

2024年5月10日　第1版第1刷発行

責任編集　佐　藤　博　樹
　　　　　武　石　恵　美　子
著　者　　矢　島　洋　子
　　　　　武　石　恵　美　子
　　　　　佐　藤　博　樹
発行者　　山　本　　　継
発行所　　㈱中 央 経 済 社
発売元　　㈱中央経済グループ
　　　　　パ ブ リ ッ シ ン グ

〒101-0051　東京都千代田区神田神保町1-35
電話 03（3293）3371（編集代表）
　　 03（3293）3381（営業代表）
https://www.chuokeizai.co.jp

© 2024
Printed in Japan

印刷／三英グラフィック・アーツ㈱
製本／侑 井 上 製 本 所

＊頁の「欠落」や「順序違い」などがありましたらお取り替えいた
しますので発売元までご送付ください。（送料小社負担）
ISBN978-4-502-49281-5　C3034